내가 버섯이 된다면

관찰과 감응으로 길어올린 생태적 글쓰기

• 일러두기

1. 거창하천환경교육센터는 지역 환경운동단체 '푸른산내들'이 거창군으로부터 위탁받아 운영하고 있습니다.
2. 이 책은 2025년 거창하천환경교육센터 생태동아리 사업 일환으로 만들었습니다.
3. 이 책에 실린 5가지 글감은 '일상과 생태'로 주제를 모아 제비뽑기로 정했습니다.
4. 수록된 글 순서는 작가 이름의 가나다 순입니다.

거창하천환경교육센터
instagram.com/gecolab25

거창하천환경교육센터는 마을의 물길과 연결된 생태환경을 기반으로 관계적 배움을 키우는 공간입니다. 우리는 돌 틈의 이끼, 새의 발자국, 물가에 남겨진 수달의 흔적이 들려주는 아주 작은 이야기들을 함께 듣는 연습을 합니다.

◇ **주요 활동**
- 지역 생태 모니터링 및 생물다양성 탐사
- 생애주기별 생태 감수성 교육 프로그램 운영
- 생태 기록 아카이빙 및 교육 콘텐츠 제작
- 학교·기관 연계 환경교육 협력

들어가여

푸른산내들과 함께한 길
-자연과 사랑, 그리고 느림의 시간 속에서-

거창하천환경교육센터장 이순정

푸른산내들은 지역의 환경과 자연 생태 보전을 위해 오랫동안 걸어온 단체입니다. 양항제습지원 복원 계획을 시작으로, 2000년부터 지역의 생태 환경과 자연과 사람의 조화로운 공존을 위해 힘써 왔습니다. 창립 이후 회원 활동가들은 지역의 여러 현안과 수돗물 문제, 주말농장, 야생화 탐사, 노거수 기록, 푸른 공부방 등 다양한 실천 활동을 해 왔습니다.

비교적 늦게 합류 한 저는 2009년 자원활동가로 양항제습지원 생태조사 시작하면서 인연을 맺게 되었습니다. 양항제 습지원(약3만평) 그곳의 바람, 모래, 식물, 새, 곤충들이 나를 자연 관찰자의 길로 이끌어 주었습니다. 2011년 2월 1일부터 습지, 생태해설과 숲해설 과정을 기획하고 3년 동안 해설사 양성 교육을 운영했습니다. 그와 동시에 푸른산내들은 '거창생태학교'라는 이름으로 지금까지 생태·환경 교육을 이어오며 3~4세의 아이부터 100세 가까운 어르신까지 세대를 넘어 자연과 사람을 잇는 귀한 시간을 보냈답니다.

모두가 힘겨웠던 코로나 겪으며 대중의 환경 문제에 대한 인식이 높아져 있고 실천 활동은 확장되고 있습니다. 각각의 역량은 깊어지고 다양해지고 반짝입니다. 푸른산내들 또한 올해부터는 '거창하천환경교육센터'를 운영하며 직원 모두가 교육과 행정 업무를 병행하며 최선을 다하고 있습니다. 때로는 벅차지만 자연처럼 묵묵히 제 길을 걷는다는 마음으로 하루하루를 보내고 있습니다.

글쓰기 동아리를 준비할 때 함께 해야지 생각했지만, 주말 프로그램을 맡고 있어 금요일 밤 동아리를 함께할 여유를 갖지 못했답니다.

11월 첫날 오랜만에 쉬는 토요일 가조면 미녀봉 정상에 올랐습니다. 황금빛으로 물든 들판을 바라보며 혼자 그곳에 있는 느낌이 참 좋았답니다. 또한, 좋은 사람들과 그 풍경을 함께 나누지 못하는 아쉬움도 있었습니다.

한 뼘 크기의 어린 비목나무와 생강나무, 거미줄에 걸린 아까시나무 꼬투리, 강도래 유충처럼 작은 가재, 가을 숲의 버섯들, 어린 노간주나무 작은 것들을 만나는 산행이었습니다. 산 정상 바위 곁 노간주나무 소리에 귀 기울이고 옹달샘 물소리와 거미줄에 걸려 그네를 타는 아까시 열매를 바라보며 생각했어요.

'언젠가 생태 글쓰기 동아리 벗들이 숲을 오르며 글을 쓸 수 있다면 얼마나 아름다울까.'

구절초가 흐드러진 어느 무덤가 밤사이 멧돼지가 고루 파헤쳐 놓았습니다. 보드라운 흙, 나뒹구는 구절초 사이에 영국 병정처럼 빨간 모자를 쓴 꼬마붉은열매지의(영국병정지의)가 가득했어요. 자신을 드러낼 의도가 전혀 없는 작고 작은 붉은 모자를 쓴 은녹색 병정들을 무릎 꿇고 코가 땅에 닿을 듯 지켜 보고 왔습니다.

새로운 한 해를 앞두고, 새해에는 글쓰기가 저 가을의 노란 들판처럼 풍성하게 익어가길 바랍니다. 지구 환경은 물론, 우리 지역의 자연과 생태에도 더 많은 이들의 관심이 이어지기를 희망합니다.

그리고 무엇보다, 푸른산내들의 긴 여정을 함께해 주신 회원 여러분께 깊은 감사를 드립

니다. 여러분의 따뜻한 손길과 마음이 있었기에, 이 길을 지금까지 걸어올 수 있었습니다.

목차

작가 소개	········ 17p
내가 마주한 자연 속 힐링 이야기	········ 23p
나는 말하듯이 쓴다	········ 63p
모든 게 가능하다면, 나는 무엇을 하며 어떻게 살고 싶은가?	········ 89p
아무것도 사지 않는 날	········ 115p
내가 버섯이 된다면	········ 151p
에필로그	········ 193p
부록	········ 200p

작가 소개

강미영 사십여 평생을 도시에서 살면서 느끼던 갈증을 거창에 와서 해소 중인 촌집러입니다. 아이들 덕분에 오게 되었고 아이들 때문에 더 살아보려고 마음먹은 새내기 거창군민이기도 합니다. 낙타 같은 사람인데 곰처럼 일하고 싶어 하며 작은 손이 모여 만드는 느린 변화를 좋아합니다.

노지현 부산에서 나고 자라, 결혼 후 경남 거창에 정착했다. 네 식구가 숲을 벗 삼아 평화롭고 충만한 일상을 가꾸고 있다. 자연이 빚어낸 향유에 매료되어, 이를 활용한 천연 화장품 레시피를 연구하고 전하고 있다. 시와 사진을 엮은 에세이 《사색하는 오후》를 펴냈다.

자연의 언어를 배우며 살아가는 사람. 거창의 산과 들, 하천과 텃밭에서 아이들과 함께 흙을 만지고, 생명의 감각을 깨우는 일을 하고 있습니다. 저에게 글쓰기는 '살아있는 감각으로 세상을 바라보는 연습'입니다. 닫히고 열리는 미모사의 잎처럼, 오늘도 천천히 세계의 숨결에 귀 기울입니다.

윤영득

농사와 생태교육을 바탕으로 아이들과 함께 숲과 들을 배운다. 버섯과 이끼, 작은 곤충과 들풀 같은 미세한 생명들의 관계 속에서 배움을 찾는다. 인간의 언어로는 온전히 담기지 않는 자연의 감각과 목소리를 조심스레 글로 건져 올린다.

이완

이정인 거창 이주 7년차. 늘 일상과 일의 균형을 고민합니다. 로컬 출판사 투명북스를 운영하고, 작은 텃밭을 가꾸는 보람을 느낍니다. 매일 읽고 쓰고 요가하며 지내고 싶습니다.

밥벌이는 따로 있지만 취미 생활로 20년째 나름 무농약 텃밭 지기로 살고 있다. 환갑이 되어 취득한 요가강사 자격증으로 동네 어르신들과 명상과 운동을 함께 한다. 여전히 하고 싶은 게 많아 무얼 하지 말아야 할지가 고민인 젊은? 할미다. 내 인생에 보물찾기 쪽지가 여전히 남아 있다는 것에 감사하며 살고 있다. **오혜영**

조윤주 거창에서 20년째 살고 있는 외지 사람이면서 거창 사람입니다.
아이들과 살아갈수록 아이들이 좋아지는 초등학교 선생님, 현재는 주상초등학교 공모 교장으로 근무하고 있어요.
아침에 책 읽고, 점심 때 글 쓰고, 저녁에는 천천히 달리고, 밤에는 누군가의 이야기를 들으며 고요하게 늙어가고 싶어요.

홍순희 그림책 읽기를 좋아하고, 심심할 때에는 펜으로 일상의 한 장면을 끄적이는 것을 즐긴다. 사소한 일상을 소중히 여기며, 자연을 사랑하고 지켜 나가는 일에 마음을 둔다. 세 딸과 남편, 그리고 이웃과 함께 알콩달콩한 일상을 만들어 가며, 그 속에서 재미있고 따뜻한 일을 찾아낸다.

내가 마주한
자연 속 힐링 이야기

1. 미니멀 라이프 대신 촌집 라이프

강미영

솟아오른 짐이 가득한 집. 오래 살았던 만큼 그득그득 들어찬 물건들을 보며, '내 생애 미니멀 라이프가 가능하긴 할까?' 했던 게 작년이었다.

돈만 있으면 뭐든 편안하고 안락하게 누릴 수 있는 대도시에서 평생을 살았다. 코앞에는 슈퍼마켓, 차로 30분 거리에는 대형 할인점과 백화점이, 백 미터마다 편의점은 물론 온갖 프랜차이즈 가게들과 개성 넘치는 식당, 카페가 즐비한 곳. 고민은 짧게, 지갑 열 준비는 신속하게 하면 '잘' 살 수 있는 곳. 뭐든 넘치게 많아서 한 편으로는 풍족하지 않음을 견딜 수 없던 곳. 이상하게도 거기에서는 채워지지 않는 공허함이 늘 따라다녔다.

나는 늘 무언가에 이끌려 가만히 있지 못했다. 항상 뭔가를 들쑤셔서 해댔다. 발효종을 키워 천연발효 빵을 굽고, 마을 장터에 토종밀 쿠키를 내다 팔았다. 경작 본능은 있으나 결과는 보잘것없던 도시 텃밭을 가꾸고 철마다 갖가지 저장 음식을 담아 냉장고를 빽빽하게 채웠다. 일주일이 멀다 하고 식혜와 흑마늘을 만들고, 베란다에 귤껍질과 무시래기를 널어 말리는 등 일을 만들며 살았다. 자판기에 동전을 넣듯 돈만 내면 뭐든 쉽게 얻을 수 있는 도시 생활이지만, 그 방식이 마음에 당기지 않아서였다. 그 까닭이 지금도 잘 정리되진 않지만 한 가지는 분명했다. 남김없이 소비하려는 내 노력이 아이러니하게도 맥시멀 라이프로 이어졌다는 점이다.

　어느 날 한바탕 집을 뒤집고 나니, 갖가지 살림살이가 쏟아져 나왔다. 어느 구석에서 풍화되고 있었는지 기억조차 가물가물한 물건들을 정리하는 데 꽤 오랜 시간이 걸렸다. 직선 박기만 되는 클래식 재봉틀은 작은 도서관으로 보냈고, 엄마와 언니가 안 입는다며 보낸 옷들은 나조차 입지 않아 동네 이웃과 나누었다. 백숙을 담아보겠다고 샀던 대용량 질그릇 뚝배기는 동네 장금이 이모마저 거절해서 다시 벽장 신세가 되었다. 덩치 큰 식품 건조기와 탁상용 간이화로도 내놨다. 난 이제 촌집에서 진짜 '불멍'을 할 거니까! 소비자협동조합은 탈퇴하고 생산자협동조합만 유지하기로 마음먹고 나니 이 정도면 나름 준비된 셈이었다.

　좋은 기회로 얻은 촌집은, 읍내까지 나가야 겨우 식빵 한 봉지를 살 수 있는 마을에 있었다. 동네 식당이라곤 불고깃집, 백반집 하나와 처갓집 통닭집뿐이었고, 하나 있던 카페는 문을 열자마자 닫았다. 평생 본 눈보다 촌집에서 한 달 동안 본 눈이 더 많았던 촌집의 겨울 끝자락, 봄이 시작될 무렵 마당 귀퉁이에 벽돌을 쌓아 작은 텃밭을 만들었다. 이전에 살던 이가 음식물 찌꺼기를 묻던 흙더미에 경계를 만들어 부추, 상추, 루꼴라, 적겨자, 완두콩, 가지, 고추, 옥수수, 늘우수시, 방아, 방풍, 바질, 세인트존스워트, 까마중, 호박과 토마토, 봉숭아, 비올라, 해바라기, 들깨를 심었다. 잎채소와 허브류를 제외하고는 중박이거나 폭삭 망했지만, 그래도 걱정은 없었다. 없으면 없는 대로 동네 한 바퀴만 돌면 두세 끼니 반찬거리가 뚝딱 생겨났다. 그 옛날 수렵채집인처럼 머위를 따고, 꽃마리 냉이, 쇠뜨기를 잘라 먹었다. 동네를 걷다 보면 마을 어르신이 잠시 기다려보라며 가지를 스무 개씩 안겨 주시고, 어느 날은 쪽파 두 단이 현관 앞에 가지런히 놓여 있기도 했다. 식빵? 못 사면 직접 구우면 되지 뭐.

바깥이 내다보이는 작은 창으로 마당이 보인다. 겨우내 잔디가 다 벗겨져 질경이, 광대나물에 기다란 냉이꽃까지 그냥 들풀밭이다. 서까래 바깥 처마 밑에 집 짓던 쌍살벌 떼에 기겁하고, 문을 열자마자 잽싸게 뛰어드는 왕파리들의 기세에 자포자기하고, 밤이면 창문을 기어오르다 못해 집 안까지 파고드는 개구리들과의 땅따먹기가 일상인 여름이었다. 차량 트렁크에 숨어들다 못해 앞 유리 와이퍼에 발가락을 잡힌 채 왔다 갔다 하던 청개구리는 차라리 귀엽기라도 했지. 늦가을에 동면하러 가던 뱀과 마당에서 짜릿하게 마주친 충격이 채 가시기도 전에 겨울이 성큼 다가왔다. 따뜻한 실내를 찾아 들어온 생김새도 가지각색인 개미 떼와 쥐며느리들과 이틀이 멀다고 말 그대로 '싸우던' 겨울. 이 구역 터줏대감 길고양이들이 마당에 싸놓은 '덮지도 않은' 똥이 굴러다니던 건 사계절 내내 같았다.

작년 늦가을, 마당에서 퍼렁 퍼렁한 잎사귀를 늦게까지 달고 있던 채소들을 갈무리해서 페스토를 만들었다. 민들레, 치커리, 바질, 루꼴라 페스토를 1kg씩 만들고 나니 정신이 번쩍 들었다. 촌집 냉장고에 이것들이 들어갈 자리가 있나? 망했다. 아무래도 난 뼛속까지 맥시멀 리스트인가보다. 페스토 단지들을 조용히 냉장고에 밀어 넣으며 생각했다. 아, 잎새에 이는 바람에도 나는 일단 괴로워할 줄은 알게 되었네. 촌집 라이프는 내게 '멈춤'을 주고 최소한의 방식으로 살 수 있게 물리적으로 나를 각성 시킨다. 냉장고를 그득그득 채우던 습관에서 적게 마련해 알맞게 소비하는 삶으로의 소소한 전환이다. 여름볕 열 줌과 가을볕 두 줌을 모아 겨울을 나고 보니 한 평 텃밭에서 누구보다 먼저 꽃 피우고 있는 루꼴라가 보인다. 씨가 맺히면 얼른 따다가 잘 간직해야지. 그리고 내년에는 페스토 안 만들어야지. 미니멀 라이프 대신 풀 반, 집 반이라 뭐든지 과하거나 아예 없는 촌집 라이프. 그 안에서 어제보다 오늘 좀 덜 가지는 삶으로 한 발짝 내디뎌 본다.

2. 나의 산책길 이야기

노지현

8시 등교 버스에 오른 두 아이에게 손을 흔든다.

"잘 다녀와."

버스가 멀어질 때까지 바라보다가 조용히 집 앞 산책길로 발을 돌린다. 건계정으로 향하는 길이다. 한 바퀴 크게 돌아 집까지 오는데 두 시간이 채 걸리지 않는다.

"집 앞 마당에 열 뼘 남짓한 화단만 있어도, 사계절이 지나면 사진첩 한 권은 거뜬히 채울 수 있고, 작은 웅덩이 하나만 파놓아도 그 안에서 피어나는 생태계를 지켜볼 수 있다."는 어느 사진작가의 말을 되새겨보면, 참 그럴듯하다. 그도 그러한데 하물며 이 산책로는 어떻겠는가?! 계절마다 풍경이 다름은 물론이요, 수천 가지 생물종들이 제 이야기를 들어보라는 듯 그야말로 소리 없는 아우성이다.

봄이면 길가의 나무들이 먼저 말을 건넨다. 가지마다 작은 꽃눈이 맺히고, 며칠 사이 초록 잎이 틈새를 비집고 피어오른다. 줄기뿐이던 황량한 은행나무에 새끼손톱만 한 잎이 돋는다. 그 모습이 어찌나 귀여운지, 발길을 멈춘다. 갓 난 잎의 보드라운 촉감에 빠져 한참을 서성인다. 마법에라도 걸린 듯 겨우내 멈춘 듯하던 곳이, 천천히 숨을 돌리며 깨어나는 모양새다. 나는 새순을 쓰다듬고 향기를 맡기도 한다. 쑥이 돋았나 싶어 나무 아래를 살짝 들여다본다. 민들레가 눈에 띄면 '막둥이가 좋아하는 여린 민들레 잎 김치를 올해도 해줘야지.' 속으로 되뇌며 입가에 미소가 번진다.

아래로는 위천천이 흐른다. 오리무리가 물결을 가르며 노닌다. 노랑부리백로는 반석 위에 서서 사냥의 순간을 노린다. 운이 좋으면 즐거이 수면을 넘나들며 헤엄치는 수달도 볼 수 있다. 실개천과 연못 주위에는 개나리와 노랗고 하얀 수선화가 줄지어 피었다. 연둣빛 잎을 늘어뜨린 수양버들이 바람에 한들거리며 춤춘다. 그 모습을 바라보노라면 내 마음에도 봄이 새록새록 피어난다.

다리를 건너면 해발 572미터 건흥산을 오르는 진입로가 나온다. 가파르지 않아 주말이면 아이들과 함께 오르기도 한다. 산 사이로 흐르는 계곡 물줄기가 공기를 한층 더 청량하게 한다. 겨울엔 그 공기가 바람을 타고 세차게 불어와 양 볼을 얼게도 한다. 하나 봄에는 온화한 미풍에 시원한 물보라가 일어, 기분까지 상쾌해진다.

 산 아래 약수터 근처부터 벚나무가 줄지어 있다. 꽃이 피고 지는데 길어야 일주일, 짧으면 사흘. 만개한 벚꽃이 떨어지기 시작하면 아쉬움에 점심을 먹고 커피 한 잔을 내려 들고는 다시 이곳을 찾는다. 여름엔 답답한 마음을 달래려 캔 맥주와 커피 땅콩을 들고 물레방아가 잘 보이는 자리에 앉는다. 잔잔한 봄바람에 솔향이 피어오른다. 떨어지는 물을 한참 동안 바라보며 멍하니 앉아 있기, 그만큼 좋은 시간이 없다.

 하지만 어느 여름, 이곳은 한동안 평화롭지 못했다. 긴 가뭄이 이어졌다. 여름철 장마를 걱정하던 때에 오히려 비가 그쳤다. 계곡은 말라가고 바위는 허연 민낯을 드러냈다. 평균 수심이 1미터 남짓이던 곳에 물이 말라 커다란 바위의 옴팡진 자리에 작은 웅덩이 몇 개만 남았다. 여름이면 늘 물놀이를 즐기던 아이들을 데리고 어디로 가야 하나 걱정이 앞섰다. 그곳에는 어떤 생명도 존재할 수 없을 것처럼 느껴졌다. 불안한 마음에 애가 탔다.

그 와중에도 벚나무는 제 몫을 다하고 있었다. 꽃이 진 자리마다 버찌가 영글어갔다. 뙤약볕 아래에서도 그늘을 만들고, 그런 벚나무의 품속에서 새와 매미는 여느 여름처럼 휴식을 취하고, 짝을 찾는 절박한 울음소리를 내기도 했다. 불안하고 투덜대며 조바심을 내는 건 나뿐인 듯하여 민망할 정도였다.

그러던 어느 날, 기다리던 비가 내렸다. 얼마만의 단비인지 기억조차 나지 않는다. 발이 젖는 게 싫어 비 오는 날은 외출을 피하지만 그날은 주저 없이 우산을 집어 들었다. 이른 새벽부터 내린 비가 큰 물줄기가 되어 계곡을 타고 천으로 흘렀다.

'그래, 바로 이거야.'
속으로 쾌재를 부르며 벚꽃 터널로 향했다.

    입구에 들어서자 바쁜 기운이 느껴졌다. 산에서 내려온 참다람쥐 무리였다. 건흥산에 다람쥐가 산다는 걸 잠시 잊고 있었다. 첫째를 뱃속에 품고 있을 때, 약수터 옆 의자에 앉아 쉬던 그 날, 곁에서 도토리를 쥐고 먹던 다람쥐 한 마리를 떠올린다. 그때는 한 마리였는데 오늘은 수십 마리가 벚꽃 길을 바삐 누비며 다닌다. 그들은 신이 난 듯 빗속을 뛰어다녔다. 나는 발길을 멈추고 조용히 지켜본다. 벚나무를 타고 내려오는 다람쥐, 손에 쥔 것은 잘 익은 버찌였다. 짧은 앞다리로 줄기를 낚아채는 모습이 조심스러우면서도 재빠르다. 버찌를 입에 넣고 연신 오물거리는 모습이 생기발랄 그 자체다. 꼬리를 세우고 균형을 잡으며 목질을 타고 내려오는 솜씨가 환상이다. 그야말로 그들만의 축제다. 단비가 내리는 날, 통 큰 벚나무가 기분이 좋은지 크게 한턱을 내는 모양이다.

　계곡의 물소리 음악대에 응하듯 다시 산속 생명들이 깨어난다. 비바람에 나부끼는 나뭇잎 소리가 귓가에 와 닿는다. 그 소리를 들으며 천천히 걷는다. 숨을 깊게 들이마신다. 촉촉한 공기가 가슴속 깊이 스며드는 듯하다. 새소리가 사방에서 들린다. 청아한 음색에 마음을 뺏겨 가만히 서서 주위를 두리번거린다. 답답함에 억눌렸던 마음의 빗장이 풀리고, 감각이 깨어나 기분 좋은 에너지가 온몸을 감싸는 듯하다.

3. 거기 나무가 있다

오혜영

　도심에서 나고 자라 마흔이 될 때까지 도시에서 도시로, 주택에서 아파트로, 아스팔트 바닥과 콘크리트 벽과 기둥이 나의 생활 공간이었다. 내 삶의 토대였다. 공부하고 돈 벌고 아이 낳고 지지고 볶으며 본능적으로 도시의 삶을 꾸려가다 본능적으로 도시를 버리고 시골로 왔다. 흙 밟고 만지며 살자고 선택한 그 길이 어쩌면 수도의 길이었음을. 나를 버리고 나를 찾는 길이었음을. 돌아보니 그렇다.

#1. 학교 나무 이야기

 크고 작은 나무들로 둘러싸인 넓은 운동장은 아이들에겐 요새이자 숨바꼭질 장소이자 일터였다. 그 시절 학생들은 아침, 저녁으로 학교 청소를 했더랬다. 수업 시작 전엔 학교 건물 밖을. 수업 후엔 교실과 복도를. 청소인지 놀이인지 조회 전 운동장은 아이들의 고함과 뜀박질 소리로 왁자지껄. 풀풀 날리던 흙먼지는 아이들의 웃음소리와 뒤섞여 이리저리 굴러다녔다. 큰 수레를 끌며 낙엽을 걷어가는 것이 고학년 언니, 오빠들의 몫이라면 운동장 귀퉁이를 돌며 떨어진 잎사귀나 잔가지들을 주워 모으는 일은 저학년 아이들 담당이다. 여느 날과 다를 것 없이 한바탕 소란이 지나가고 바람마저 잔잔해진 아침 청소 끝 무렵, 바닥의 흙과 나뭇잎을 손으로 만지작거리며 운동장 한 귀퉁이에 웅크리고 앉았던 작은 여자아이에게 나무가 말을 건네왔다. 아마도 수업 시작을 알리는 종소리가 울리고 아이들이 각자의 교실로 들어가려고 사방으로 흩어지는 그 즈음이었을 것이다. 그 속삭임을 듣느라 아이는 일어날 수가 없다. 멀어지는 친구들의 뒷모습을 눈에 담으며 그 소리에 마음을 빼앗긴다. 그렇게 얼마의 시간이 흘렀는지 순식간에 운동장은 텅 비고 아침 햇살로 가득 채운 공기는 고요하기만 하다. 여자아이가 일어나 손을 털며 교실로 들어갔을 땐 수업은 이미 시작되었고 그 속삭임을 들은 아이는 나무가 건넨 이야기를 오랫동안 기억하게 된다.

#2. 도시 산의 나무 이야기

도심 주택가에서 얼마 되지 않는 거리에 산이 있다는 것이 얼마나 다행인지. 결혼이 가져온 그 엄청난 무게를 살아내야 했던 여자는 산에 가는 일이 여기서 병들지 않고 미치지 않고 그저 견디어 낼 수 있는 유일한 방법이란 걸 알았을까? 아이들이 어리니 주말 한두 시간, 새벽녘 짬을 내어 동네 뒷산을 걷는 것 그것

말고 다른 방법이 없었다. 그렇게 육아와 장사와 집안일까지 모든 걸 혼자 감당하던 여자가 막힌 숨을 쉴 수 있는 공간이 부러진 나뭇가지와 아무렇게나 나뒹구는 돌들과 키 작은 잡목과 마구 자란 풀들을 스치며 걷는 산길이었다. 하늘을 뒤덮은 나무가 엉켜들며 만들어내는 회색빛 그림자, 지친 잎새들의 몸 부비는 서걱거림, 덤불 뒤에서 들리던 산짐승의 바스락거리는 발소리, 이름 모를 산새들의 몸 떨리는 울음소리. 그 모두가 지워져 가는 그녀를 가까스로 세상에 붙들어 놓는 산의 위로였다는 것을. 그때는 잘 몰랐다.

#3. 마을 숲 나무 이야기

시골로 오니 마을에 큰 숲이 있었다. 천년 된 숲이라는 한낮에 들어가도 어득할 정도의 아름드리 나무들이 수천 평의 땅에 숲길을 만들어 주고 있었다. 아침, 저녁으로 그 숲을 걸었다. 하루라도 가지 않으면 일순간 모든 것이 날아가 버릴 것 같아서였는지도 모르겠다. 삶의 모든 것이 불투명하고 삶의 모든 것이 가능한 것 같고 그래서 붕 떠 있고 그래서 더 가라앉아 부유와 침몰을 반복하던 시기여서일 것이다. 두 팔을 뻗어도 다 안기지 않는 수목들이 즐비한 숲길에서 생의 가장 크고 위험한 선택을 했다. 틈만 나면 숲길로 빨려들 듯 숨어들던 그때 나무들 사이에서 숨결인지 빛인지 알 수 없는 무엇이 내 품으로 수욱 들어와 안기는, 그걸 받아들이기로 했다. 이 세상 전부가 그 아이는 안 된다고 했다. 내가 그럴 처지도 상황도 아니었으므로. 세상이 옳았다. 하지만 그 숲에서 경험한 알 수 없는 순간이 지나고 나의 선택은 현실이 되고 나의 고난도 현실이 되었다. 하지만 그때 내게 들어와 안긴 것이 무엇인지 알 수는 없지만, 결코 거부해서는 안 되는 것임을 그 숲의 나무가 알려준 것은 아니었을까.

#4. 산책길 벚나무 이야기

여러 사람이 오가는 산책길이다. 매일 만나는 다른 사람들. 매일 만나는 다른 나무들. 집을 나설 땐 가능한 한 천천히 걷는다. 바람도 햇살도 하늘도 가로수도 어제와 달라진 것은 없는지 확인하며 걷는 탓에 아무튼 속도가 나지 않는다. 간혹 운동 나온 이들이 뜸한 시간 그 길을 혼자 덩그마니 걷고 있을 땐 더 그렇다. 일렬로 늘어선 나무를 하나하나 살피며 발걸음을 옮긴다. 큰 가지들의 곡절이 스민 듯한 뻗음 새, 여린 잎새를 달고 있는 잔가지들의 위태로운 품새, 그보다 더 아우성치는 수많은 꽃눈의 망울 새.

어릴 적 벚나무가 유독 많은 도시에서 벚나무와 함께 20년을 보낸 탓일까? 그네들이 줄지어 서서 꽃망울을 내밀고 연분홍 잎이 바람에 실려 가고 다시 초록 잎을 내놓았다가 찬바람과 함께 붉게 말라버린 잎을 떨구는 풍경을 바라보는 일은 시간을 되돌려 놓는 듯하다. 아니, 시간이란 것이 애초에 존재하지도 않은 듯 까만 눈망울의 작은 여자아이와 삶의 무게를 감당하느라 어쩔 줄 몰라 사방을 헤매는 젊은 여자와 그 모든 것에 애잔함을 간직한 채 흰머리를 이고 가는 여인이 그 시간을 함께하고 있다.

순간의 적막! 수많은 이야기를 간직한 영혼들로 둘러싸인 느낌! 수많은 곳을 헤매며 수많은 나무를 보고 만지고 가슴에 담았지만, 오늘 이 평범한 가로수길 거기 그렇게 서 있는 이들의 서사에 슬며시 한마디 건네 본다.
"지금 이렇게 일상의 고요함을 함께 누릴 수 있다니 얼마나 놀라운 일인지요. 모두가 오래도록, 오래도록 안녕하시길~~"

4. 내 인생의 향모를 땋던 기억
-〈향모를 땋으며〉를 읽고-

조윤주

#1.칼풀의 기억

엄마와 동네 아줌마들과 함께 냇가에 빨래를 간다. 어린 나는 냇가 주변에 자란 긴 풀을 헤치고 논다. 그 풀 사이를 지나며 놀다가 손이 베여 울었다. 베인 손가락에서 서서히 방울져 올라오는 핏방울. '생명의 빛깔' 초록과 빨강의 보색이 선명하고 감각적이었던 기억이 난다. 그 풀을 우리는 칼풀이라고 불렀다.

#2.구봉산의 기억

초등학교 4학년 여름 방학이 끝났다. 밀린

일기를 다 해낼 재간이 없었다. 시간이 필요했고 결단이 필요했다. 개학날 아침, 엄마가 챙겨주시는 도시락을 들고 학교 뒤에 있는 구봉산으로 올라갔다. 사람이 있을 리 없는 시각, 환하고 너른 바위를 얕게 흐르는 계곡의 물줄기, 그 반짝임 위에 날개를 접고 쉬고 있는 나비 한 마리. 아름답고도 무료했기에 괜히 손수건도 빨고 도시락도 까먹으면서 '혼자만의 시간'을 보냈다. 어린 유랑은 일주일만에 끝이 났다. 더 이상의 무료함을 견딜 수 없었던 나는 하교 시간을 잘못 맞춰 내려 오다가 같은 반 친구한테 들켜버렸다. 잔인한 그 녀석은 바로 우리 엄마에게 일러주었고, 다음날 엄마 손에 잡혀 교실로 끌려갔다.

#3. 낙동강의 기억

내가 살던 엄궁은 참 가난했다. 공기도 가난했다. 사상 공단에서 넘어온 매캐하고 역한 공기가 초저녁부터 다음날 새벽까지 우리 동네를 감쌌다. 그 공기로 우리는 가난하다는 사실을 알았다. 그러나 동네에서 마주 보던 낙동강은 그야말로 장관이었다. 특히 해질녘의 태양은 불잉걸 같았다. 모든 불순물을 녹여낸 듯 티 하나 없이 붉고 투명한 태양. 나는 이렇게 상상했다. 어느 대장장이가 청동거울을 만들다가 뜨거운 열기에 거울을 놓쳤다. 그 거울은 낙동강 서쪽 하늘에 걸려버렸는데 청동거울을 선물로 받기로 한 아가씨는 하도 서운해서 여러 날을 울었다. 지금도 그 아가씨는 청동거울을 잊지 못해 매일 저녁 낙동강 서쪽을 바라보고 있다고.

#4.학교 산의 기억

엄궁에서 버스를 두 번이나 갈아타고 한 시간을 넘게 가야 내가 다니는 중학교에 도착할 수 있었다. 중학교는 산으로 들어가는 바로 초입에 있어서 등교 길에서 나무뿌리에서 나는 흙냄새를 맡을 수 있었다. 그 향이 진할수록

학교 가는 길이 행복했다. 친구들이 다 가고 없는 시간, 친구와 함께 학교 옥상에 올라가 산을 마주하고 있으면 마치 거대한 3D 사진을 보는 듯한 거대한 입체감과 공간감이 우리를 압도했다. 그 앞에서 오래도록 서 있었다. 중간고사가 끝난 어느 날은 학교 담장을 넘어 산속으로 들어가기도 했다. 너럭바위 위에 누우면 손에 잡힐 듯 하늘이 코 앞에서 펼쳐졌다. 그러다가 교실로 돌아오면 '여자아이가 신발도 안 신고 어디! 담을 넘어 산에 가냐고, 간도 크다'고 산이 주는 해방감을 모르는 담임 선생님은 나를 혼냈다.

#5. 건계정의 기억

20년 전 몸과 마음이 많이 아픈 상태에서 거창에 왔다. 가진 것도 없고, 아는 사람도 없었다. 거창에서 처음 자전거를 배웠고 일을 마친 후에는 자전거를 타고 건계정까지 달려갔다. 상림리 현대아파트를 넘으면 공기가 바로 차가워졌다. 논에서는 벼 익는 냄새를 맡을 수 있었다. 그렇게 달려간 건계정은 사주에 금(金)과 물(水)이 많은 나에게 더할 나위 없이 편안한 휴식처였다. 자전거 타기가 익숙해질 때쯤에는 자주 하늘을 올려다 보았다. 마침 노을은 파랑과 주황, 보라빛이 어울려 마치 아름다운 눈화장을 보는 듯 했다. 언젠가 나의 빈약하고 초라한 눈두덩이에도 저와 같은 아이쉐도우를 해보리라, 아름다움으로 비상하리라 다짐했다.

[향모를 땋으며]를 읽으면서, 나는 내가 읽어졌다.

가끔씩 내 혼의 뿌리가 어딘지 궁금할 때가 있었다. 이 책을 읽다 보니 나는 북아메리카 프레지를 터전으로 삼았던 어느 원주민 네이션의 건실한 청년이었지 싶다. 불기둥을 가운데 놓고 원을 그리며 격정적인 춤을 추었던 기억이 난다. 금산사에 춤명상을 갔을 때 몸을 통해 올라온 기억인데, 그때는 그게 너무 무서워서 꿀꺽 목구멍 뒤로 삼켜버렸다. 아, 그 때 나는 생명의 춤을 추고 있었던거구나. 이젠 두려움 없이 만날 수 있겠다.

이 책의 작가 로빈 월 키머러는 북아메리카 원주민 포타와토미 네이션의 후손이며 생태학자이며 세 자녀의 좋은 엄마이다. 이 책 속에는 생태학과 지구영성과 북아메리카 원주민의 말과 역사 이야기가 서로 얽혀져있다. 그녀는 유년 시절을 거슬러가 할아버지의 역사를 기억한다. 피부가 흰 사람들에게 말과 토착지를 뺏긴 그들이지만 분노의 불은 이글이글 타오르지 않고 고요하다. 분노는 하늘과 땅의 선물을 이해하지 못하는 무지를 밝히는 영적인 기름이 되어 태고적 조상으로부터 받은 뭇생명에 대한 존중과 호혜성을 기억하게 한다. 그 기억 안에서 모든 것이 연결된다. 식물과 동물의 숨, 겨울과 여름, 포식자와 피식자, 밤과 낮, 살아있는 것과 죽어가는 것. 그리고 너와 나를.

어느 날, 당신이 이 세상에 혼자인 것 같아 달도 별도 바람마저도 당신에게 등을 돌린 것처럼 느껴질 때 이 책이 그것이 '종 고독'(species loneliness)이라고 가르쳐줄 것이다. 그리고 그 슬픔을 이겨낼 수 있는 두 단어도 알려줄 것이다. 바로 〈선물〉과 〈감사〉이다.

5. 모감주 이야기

홍순희

성당 앞 모감주는 어느새 노란 꽃을 피웠다. 며칠 밤이 지나고, 꽃잎이 하나둘 내려앉을 즈음 장마가 시작 될거란 걸 예감한다. 거창의 여름도 그때쯤이면 한층 깊어지겠지.

모감주가 언제부터 이곳에 자리 잡고 뿌리를 내렸는지는 알 수 없다. 내가 이 성당에 다니기 시작한 지 벌써 스무해가 되었으니, 아마 그 무렵부터였을 것이다. 지금은 어느덧 성당의 터줏대감이 되어 마당 한 켠에서 오가는 사람들에게 그늘을 내어주고, 그들의 이런저런

사는 이야기에 귀를 기울이는 듯 하다.

　모감주는 '염주나무' 라고도 불린다. 그 까닭은 열매로 염주를 만들었다는 데서 유래되었다. 씨앗 가운데에는 동그란 알맹이 사이로 구멍이 나 있어, 염주를 꿰기에 안성맞춤이다. 모감주의 꽃말을 찾아보니 '자유로운 마음' 과 '기다림'이다. 그러고 보니 이 나무는 언제나 한결같이 이 자리에서 누군가를 기다리는 것 같다. 노란 꽃잎은 화사하지만 어딘가 슬퍼 보인다. 꽃잎이 떨어지고 나면 성당 마당은 온통 노란빛으로 물든다. 그 모습이 애처로워서 나는 그냥 지나치지 못하고 한참을 바라보게 된다.

　모감주는 주변에서 흔히 볼 수 없는 나무다. 그래서인지 문득, 이나무는 어떻게 씨앗을 퍼트릴까 궁금해졌다. 모든 식물이 그렇듯, 저마다 다른 방식으로 생명을 이어간다. 씨앗을 퍼트리는 방법 또한 다양하다. 어떤 씨앗은 사람의 옷자락이나 동물의 털에 달라붙어 길을 떠나고, 또 어떤 씨앗은 바람이 부는 대로 흩어진다. 누군가의 먹이가 되어 배설물 속에서 새 생명을 틔우는 씨앗도 있다. 모감주의 열매 또한, 혹시 염주를 만들어 쓰던 사람들의 손끝에 이끌려 또 다른 땅으로 옮겨졌던 것은 아닐까. 그렇게 누군가의 기도와 손길을 따라 새로운 생명을 품게 되었을지도 모른다.

봄이 되어 모감주의 잎이 무성하게 자라면, 7월쯤 노란 꽃을 피우기 시작한다. 성당 어르신들 말로는, 모감주에 꽃이 필 무렵이면 장마가 시작된다고 했다. 희한하게도 올해는 꽃이 조금 일찍 피었고, 아니나 다를까 이른 장마가 찾아왔다. 어르신들의 말씀은 헛된 이야기가 아니었다. 긴 장마 속에서도 모감주는 나뭇잎 사이사이로 꿋꿋이 꽃을 피웠다. 노란 꽃잎이 떨어지고 나면, 열매를 맺기 위해 꽈리처럼 생

긴 주머니가 열린다. 연초록빛 주머니는 시간이 흐르며 점점 짙은 황갈색으로 물들어간다.

마침내 가을이 오면, 열매가 까맣게 익어 꽈리 주머니에서 툭, 툭, 튀어 세상 밖으로 나온다. 성당 아이들은 까만 열매를 주워 소꿉놀이를 하거나 실에 꿰어 보기도 한다.

그 까만 열매는 어찌나 사랑스러운지, 나도 모르게 몇 알 주워 주머니 속에 쏙 넣어둔다. 그러다 어느 날, 열매를 잊은 채 아무렇게나 휙 던져버릴지도 모른다. 그럼에도 모감주는 어디선가 씨앗을 틔워, 다시 큰 나무로 자라 예쁜 꽃을 피우고 또 열매를 맺겠지. 지나가는 이의 이야기에 귀 기울이며 뜨거운 여름에는 누군가의 땀을 식혀주는 그늘이 되어주겠지. 모감주 꽃말처럼, 그리운 누군가를 조용히 기다리고 있겠지.

꽃이 피고 지고, 열매가 익어 떨어지듯, 생명은 언제나 자신의 길을 따라 순환한다. 모감주가 씨앗을 흩어놓듯, 나도 하루하루 작은 흔적을 남기며 살아간다. 성당 앞 모감주는 기다림 속에서도 삶은 이어지고, 흘러가는 시간 속에서 어느새 새로운 시작이 움트고 있음을 묵묵히 보여 준다. 시간이 흘러 꽃잎이 떨어지고, 비가 그친 뒤에도 모감주는 여전히 그 자리에 서 있다. 새싹을 틔울 때도, 열매를 맺을 때도, 가지를 털어 내며 겨울을 맞을 때도 나무는 떠나지 않는다. 그저 묵묵히 기다리고 자신이 서 있는 자리에서 자유를 배운다.

나는 그 모습을 보며 종종 생각한다. 기다림이란 꼭 무언가를 바라보며 애타게 기다리는 일이 아니라 그저 '자리를 지키는 일'일지도 모른다고. 그리고 자유란 멀리 떠나는 것이 아니라 마음이 머무는 곳에서 스스로 피어나는 것이라고. 모감주는 오늘도 바람을 마주하며 그 자리를 지킨다. 모감주 그늘 아래에 선 나도 자유로운 마음으로 하루를 살아간다.

나는 말하듯이 쓴다

1. 말과 뱃살의 무게

문영득

나는 말한다는 것이 가끔 무척 무겁게 느껴진다. 어떤 때는 내 말의 가벼움에 피곤함을 느끼고, 어떤 때는 무거운 말들에 상대방의 감정을 살피느라 에너지를 많이 소모하게 된다. 이 느낌은 '진이 빠진다'는 표현이 맞을까.

그런데, 배려하는 따뜻한 마음으로 한 말이 상대방에게 온전히 스며들었다는 느낌이 들때면, 좋은 에너지들이 나를 감싸는 것이 느껴진다. 그 느낌은 너무나 따뜻하고 기분이 좋아서, 나의 에너지들이 몸 밖에서 아우라를 내뿜

으며 춤을 추는 듯하다. 이런 상태가 되면 아무리 힘든 일을 해도 지치지 않으니, 무리하지 않도록 조심해야 한다.

'말의 무게'에 대해서 생각해 본다.
더 이상 쪼갤수 없는 원자 중 수소의 질량이 가장 작다고 한다. 약 1.67×10^{-24} g. 그 무게는 사실 가늠이 되지 않는다. 무중력 상태의 우주인이 되어본다면 공중에 떠다니는 수소의 느낌을 알까?

궁금증이 이는 대상의 느낌을 느껴보고 싶다면 관찰과 상호작용이 중요하다. 시간과 정성을 들여 대상을 관찰하면 (관찰은 눈으로만 하는 것이 아니다. 여기에서 말하는 관찰은 모든 감각 기관을 열고 행하는 관찰이다.) 아마도 나는 그것과 동일시되는, 일종의 '빙의' 같은 상태를 느껴볼 수도 있지 않을까 하는 우스꽝스러운 생각을 해본다.

수소처럼 말을 한다는 것은 어떤 느낌일까? 약 1.67×10^{-24} g의 무게로 말을 한다고 상상해 본다. 목소리를 내지 않고, 말하고 싶은 내용을 천천히 입모양으로만 전해준다는 것이 수소 같을까?

의자에 앉아 있는 첫째 딸을 바라본다. 나를 마주보는 딸에게 공기를 한가득 머금고 입모양으로만 말해본다.
"엄마가 하는 말 알아들을 수 있겠어?"
딸은 내 입모양을 그대로 따라한다.

이번에는 목소리를 내어 물어본다.
"엄마가 세상에서 가장 가벼운 수소 원자처럼 이야기해 보았는데, 알아들었어?"
"어, 나 알아들었어."
"엄마랑 이야기하고 싶어?"라고 이야기 했지?
"아니."
딸은 그냥 웃는다.

이번에는 둘째에게 수소처럼 이야기해 본다.

"엄마가 내일 글쓰기 숙제를 해가야 해."

"너, 엄마가 뭐라고 하는지 알아듣겠어?"

첫째가 둘째에게 물어본다.

"아니."

그리고는 둘째가 입안에 공기를 한가득 넣고 입모양으로만 이야기한다.

"엄마, 내가 무슨 말하는지 알아듣겠어?"

"아니."

"그것 봐. 이거 어려워."

그럼 이번에는 세상에서(우주 포함) 가장 무거운 것처럼 이야기해 보자.

세상에서 가장 무거운 것은 TON 618 초거대 블랙홀이다. 질량이 약 660억 태양질량이라고 한다. 태양의 질량이 약 1.989×10^{30} kg이므로, TON 618의 질량은 약 1.3×10^{41} kg이다.

무겁게 말을 하려면, 웬지 몸을 부풀려야 할 것 같다. 아니면 무거운 추 같은 것을 몸에 매달고 말해야 할 것 같다. 부피가 아닌 무게이니, 무거운 추를 매다는 것이 맞는 것 같다.

무겁게 말하려다 내가 죽을수도 있겠다는 생각과 함께 벌써부터 피로감이 몸을 감싼다. 그래도 시도해볼 만하다.

쇼파에 뒹구는 아이들에게 묻는다.
"애들아, 세상에서 가장 무겁게 이야기 한다는건 어떻게 하는 걸까? 첫째는 귀신처럼 낮은 목소리로 "으~" 하는 소리를 내고,
둘째는 "세상에서 가장 무거운게 뭔데?" 하고 묻는다.
"TON 618 초거대 블랙홀이라는데."
"무게를 재보지도 않았는데 그걸 어떻게 알아?"

둘째가 웃으며 다가오더니 말한다.
"엄마 엄마의 무거운 뱃살을 빼자. 어서 운동하자."

아이들이 엄마의 뱃살을 빼자며 만들어 둔 운동일지는 한 칸도 체크되어 있지 않다.
아이들의 소리를 듣던 남편은 말한다.
"운동은 내일부터."
나는 이내 고개를 끄덕이며 말한다.
"그래, 운동은 내일부터."
세상에서 가장 무거운 존재보다 엄마의 뱃살이 더 걱정인 딸들을 바라보니 그 아기자기함이 정겹고 고맙다.

일단은 뱃살을 빼면서, 말의 무게에 대해서 종종 생각해 보아야겠다.

2. 흘러가는 말, 머무는 글

이 완

말이 건네는 울림에는 말보다 더 많은 것이 섞여 있다. 말은 눈빛, 냄새, 몸짓, 옷차림, 역할, 그날 날씨와 분위기, 심지어 말하는 이의 체온까지 함께 전해진다. 반면 글은 그 모든 맥락을 스스로 품어야 한다. 그래서 글에는 종종 압도적인 무게감이 있다. 나는 그 무게를 좋아했다. 말은 흔들리고 거짓을 품기도 하니까. 하지만 나이를 먹으며 깨달았다. 글의 완결성보다, 말의 흔들림 속에 진심이 더 자주 스며든다는 것을.

말을 섞는 관계성에 주목했다. 돌아보면 아무나 붙잡고 얘기하는 성격이 못되기 때문이다. 누군가와 대화를 나누고 싶다는 마음, 그건 이미 그 사람에게 마음이 열렸다는 뜻이다. 내 청춘은 그런 대화들로 자랐다. 저녁밥 대신 술 한 잔으로 끼니를 때우며, 휘발성 말들을 안주 삼아 건넨 시간. 그때 주고받은 눈빛과 비언어의 떨림이 나를 키웠다.

'말하듯 쓴다'라는 말을 처음 들었을 때, 그건 어딘가 가벼운 일처럼 느껴졌다. 그런데 실제로 그런 글을 읽었을 때 놀랐다. 술술 읽히고 스르륵 마음에 스며들었다. 문장의 결론보다 작가의 숨결이 더 오래 남았다. 그제야 알았다. 말하듯 쓴다는 건 '쉽게 쓰는 법'이 아니라, 자신의 리듬으로 쓰는 일이라는 걸. 나에게도 가벼운 흐름을 만들어 주었다.

그래서 나도 써본다. 누군가에게 '읽히기'

보다 '들리기'를 바라는 마음으로. 내 글이 잘 들릴 수 있을까. 또박또박 완벽한 문장보다, 가끔은 흘림체처럼 자연스럽고 가볍게 상대방 마음에 가닿을 수 있을까.

내가 말하고 쓰는 주제는 보통 정해져 있다. 주로 생태, 농업, 여성, 환경, 육아, 교육, 흙, 씨앗, 기후 일상에 머무른다. 비록 그러한 영역이 좁을지라도 깊이 들어가면 드넓은 세상과 연결되는 열쇠가 된다. 때로는 술자리에서 친구와 말할 때처럼 유연하게, 때로는 강당에서 처음 보는 사람들에게 말할 때처럼 다소 경직될지 모른다. 그러니까 나는 이 글을 어느 정도로 말하듯 써야 할지를 고민하고 있다. 지루한 글을 경계하고, 방향 없이 떠드는 글이 되지 않길 바라며 15분이라는 타이머를 켜고 끄적인다.

생태탐사 동아리 수업을 진행하는 월요일,

매주 1회 수업이라 학생들에게 느끼는 애정도 각별하다. 자연스럽게 15명 학생의 이름을 모두 기억하게 되었다. 첫째와 비슷한 13살 아이들이라 그런지, 스스럼없이 다가갈 수 있었다. 나도 중학생이라는 이름이 어색했던 시절이 있었다. 넉넉하게 맞춘 교복 치마가 불편해서였을까 아니면 '중학생'이라는 낯선 정체성이 내 마음보다 앞서 있었기 때문일까. 어중간한 어른 흉내로 13살을 버텼던 내가, 이제는 그 나이의 아이들에게 활기를 주고 싶었다. 학교 다니는 보람을, 자연과 연결되는 즐거움을. 씨앗 폭탄을 던지며 꽃 싹을 틔우고, 교정의 곤충을 루페로 들여다보며 엽서에 옮겨 그리는 시간. 쉬는 시간에도 자발적으로 물을 주고 호미를 들고 김을 매는 학생들. 그 모습이 참 대견했다. 그들은 조금씩 '식물을 키우는 사람'이 되어가고 있었다. 물론 여전히 나무를 툭툭 치거나, 날벌레에 소리를 지르는 아이들도 있다. 하지만 그럴 때마다 다른 아이들이 살짝 제지하고 함께 웃는다. 그런 작은 변화들이 생태 수업의 결실이다. 가위바위보로 정한 회장은 묵묵히 친구들을 챙기고 대부분의 아이가 번쩍 손을 들며 질문하거나 발표한다. 수업을 마치고 교실 문을 나설 때면 나 역시 이상하게 에너지가 차오른다. 아이들이 생명을 배우는 만큼 나도 그들 덕분에 살아 움직이는 느낌이다.

작년, 거창여중에서 17회차 생태동아리 수업을 처음 맡았을 때는 매주 새로운 주제를 준비해야 했다. 주제 구성부터 활동 자료, 날씨 변수까지 매번 달라서 부담이 컸다. 다른 일정과 병행하기도 쉽지 않았다. 솔직히 올해는 피하고 싶었다. 그런데 막 중학생이 된 아이들과 월요일마다 얼굴을 맞대며 나누는 대화와 관찰의 시간이 의외로 즐거웠다. 나보다 키가 훌쩍 큰 아이들이 많지만, 마음은 여리고 투명했다. 그들과 함께 생태 시스템을 관찰하고, 자연의 언어를 배우는 일은 다채로운 무지개를 그리는 일처럼 다감했다. 내년에도 여전히 이 수업이 부담스러울지 모른다. 하지만 아이들을 만나는 수업만큼은 좀처럼 거절하기 어렵다. 아이들이 자연의 변화를 눈으로 보고 매일 만나는 풀꽃에게 위로받을 기회를 내가 먼저 닫을 수는 없기 때문이다.

아마도 3년 차가 되면 지금보다 더 여유롭게 수업을 준비할 수 있을 것이다. 실제로 올해가 작년보다 그러했다. 너무 많은 것을 한꺼번에 전달하기보다 한두 문장을 반복하고, 학생들이 마음에 새길 수 있을 정도로 활동을 구성했다. 강사가 모든 것을 통제하기보다 학생들이 주도적으로 참여하도록 수업을 준비하니, 나는 그저 제안만 하면 되었다. 무엇보다 중요한 건 학생들을 교실 밖으로 꺼내는 일이었다. '학교'라 쓰고 '감옥'이라 읽었던 내 경험을 떠올리면 계속 학교에 있는 일이 이상하게 느껴지지만, 학교 안에서도 생태적 전환은 필요하다. 작은 틈을 만들어 점진적으로 변화를 만드는 것, 그 소극적이지만 꾸준한 실천이 결국 큰 변화로 이어진다는 믿음이 중요하다. 시 한 구절이 던지는 파문, 작은 씨앗에서 자라는 나무, 세포 분열로 쑥쑥 자라는 태아처럼, 가능태의 미래를 실현할 수 있도록 수업과 시나리오를 구성했다.

 말하듯이 쓰다 보니, 글의 주제도 마치 수다를 떨 듯 경계 없이 널리 확장되었다. 의식의 흐름에 따라 내 앞 여백에 말을 거는 과정. 평소보다 빠르게 글을 써 내려 갈 수 있었다. 말하듯 쓰니 자기검열도 느슨해진다. 가끔 주제를 잃거나, 대화 중 놓친 말을 발견해도 괜찮다. 그만큼 가벼움이 매력이다. 다시 읽고 아껴 읽으며 마음에 새기는 글은 아닐지라도, 내 '지금' 마음이 오롯이 담겨 있으니 그 자체로 의미가 있다. 말하듯 쓰는 연습을 자주 한다면, 남에게 보여주지 못하더라도 스스로 마음의 그릇을 비우는 데 도움이 된다. 타인의 시선에 갇히지 않고, 누가 뭐라 해도 내 마음이 옳다고 믿어주는 적절한 방법으로 쓰기도 한다.

한달이 일주일처럼 지나가고 계절이 계절을 밀어내는 시간 속에서도, 글을 쓴다는 건 하루를 '머물게' 하는 일이다. 말은 흘러가지만, 글은 남는다. 그리고 가끔 흘러간 말이 글로 돌아와 나를 위로할 때, 나는 비로소 쓴다는 것이 산다는 일과 얼마나 닮았는지를 느낀다.

3. 나는 말하듯이 쓴다

이정인

　말하듯이 쓴다. 지난 일이나 감정을 상대방에게 대화하듯이 쓰는 건, 글쓰기 허들을 낮추는 방법이다.

　이런 마음이라면 무슨 주제이든 글을 쓸 수 있다. 예를 들어 세상에 제대로 이해한 사람이 한 명도 없다는 양자역학에 대한 글감을 받았다고 하자. 이 주제를 이해하지 못하는 나의 심정과 어려운 부분을 쓰면 된다. 이와 같은 방법으로 누구든지 무엇을 쓸 수 있다. 보통 나의 글쓰기 초안은 맞춤법, 띄어쓰기, 어순 등을 신경 쓰지 않고 분량을 채운다. 그리고 마음에 들 때까지 원고를 다듬는다. 초고를 보고 부끄러운 마음이 들기도 한다. 조각가가 돌을 깎는 마음으로 원고를 만지면 어느새 그럴싸한 원고가 된다.

 최근에 신랑이 책을 쓰기 시작했다. 언젠가 자신도 책을 써야겠다고 농담 반 진담 반으로 하는 이야기를 귀담아듣지 않았다. 지난주부터 갑자기 어디에서 영감 받았는지 퇴근하고 컴퓨터 방에 앉아 노트북 자판기를 두들긴다. 아이가 잠들면 혼자 방으로 들어가 작성한 원고를 카톡으로 보낸다. 신랑 글은 그야말로 구어체이다. "글을 너무 말하듯이 쓰네, 나중에 다 문어체로 바꿔야 해." "그런 거 상관하지 말고 일단 끝까지 읽어봐."라고 답한다. 신랑은 앉으면 새벽 3시까지 글을 쓰기도 한다. 원고 하단에는 매일 글 쓴 시간을 기록해 놓았는데, 벌써 원고 작성이 30시간에 달한다. 대학생 시절부터 20년 가까이 신랑 글을 지켜봤다. 그는 일관되게 구어체로 글을 쓴다. 그런데도 나보다 즐겁고 집중해서 글을 쓴다. 구어체이든 맞춤법이 틀렸든 글에 진심을 담아 쓰면 좋은 글이 된다는 표본을 가까이에서 느낀다.

틈틈이 도서관 서가에 가서 글쓰기 책을 꺼내 읽는다. 보통 고민이나 정보가 필요하면 책장 앞으로 가는 편이다. 책장에서 끌리는 제목의 책을 뽑아 읽는다. 글쓰기 책을 뽑아 읽는다는 건, 글쓰기 고민이 있거나 수업 준비를 위해서이다. 다른 영역도 마찬가지만 글쓰기에는 왕도가 없다. 매일 의자에 엉덩이를 붙이고 써야 한다. 혼자 하는 건 재미 없으니 친구들과 써보기도 하고, 익명의 사람들과 온라인 글쓰기도 참여한다. 인근 지역에서 열리는 원데이클래스 글쓰기 모임에도 참여해 다른 강사들은 어떻게 글쓰기 수업을 진행하는지 참고하기도 한다.

글쓰기 모임에서 배운 건 잘 쓰고 못 쓰고는 중요하지 않다. 글쓰기는 감정을 담아내고 해소하고 타인의 공감이 중요하다. 기록이 회복이고 치유이다. 말로 감정과 경험을 전하는 것과 글로 전하는 것은 다르다. 글에는 힘이 있다. 내 노트북에 있는 감정과 경험을 담은 원고들도 훗날 빛을 보는 때가 있겠지. 빛을 받지 못해도 괜찮다. 치유이자 기록으로 제 역할을 다했으니깐.

이번 글쓰기 모임에 고민이 있어 책장 앞을 서성여 본다. 자신의 감정과 생각을 편안하고 즐겁게 드러낼 수 있는 환경을 조성하고 싶다. 그래야 글쓰기 문이 열린다. 이번 주 참여자들은 어떤 세계를 들고 올까. 나도 부담보다는 모임에 즐겁게 임하고 싶다. 언제나 진심은 통한다는 문구를 적으니 마음이 한결 가벼워진다.

4. 조윤주는 복도 많지

조윤주

조윤주는 복도 많지.

 이건 그냥 하는 말이 아니야. 요즘처럼 선생 하기 어려운 시대도 없다는데, 정말이지 선생으로 사는 조윤주는 복이 많은 것 같아. 자조는 1도 없다고. 왜 그런지 지금부터 얘기해 볼게.

 2023년 5월 그때 나는 3학년 담임을 맡고 있었지. 도덕 시간이었어. 2단원 '인내하며 최선을 다하는 삶'을 들어가는 첫 시간이었어.

"너희들은 언제 최선을 다 해 봤니?"

내가 아이들에게 물었어. 누구는 배드민턴, 누구는 영어 시험, 누구는 축구, 또 누구는 공부. 다들 자기만의 순간을 말했지.

"그때 뭐가 제일 힘들었어?"

"내 마음대로 안 될 때요."

거의 다 그랬어. 그렇지. 살면서 내 마음대로 되지 않는 일이 얼마나 많겠니. 수업은 자연스럽게 발레리나 강수진 이야기로 넘어갔고, 그녀의 발 사진을 함께 봤어. 아이들이 살짝 숙연해지더라. 무용학원 다니는 은영이는 감회가 남달랐는지 제일 먼저 이렇게 말했어.

"저렇게 예쁜 옷 입고 춤추는 사람이 발이 저렇게 이상하게 생겼을 줄 몰랐어요."

"강수진은 왜 저렇게까지 했을까? 인생 목표가 뭐였을까?"

돈 때문이라는 아이, 관객을 행복하게 하고 싶어서라는 아이, 그냥 춤이 좋아서라는 아이. 여러 대답이 나왔어.

"강수진이 자서전에서 말했어. 하루하루를 완벽하게 살고 싶어서래."

아이들이 진지하게 듣는 순간, 참교사는 이런 때를 놓치지 않는 법이지.

"얘들아, 선생님 고민 있어. 들어줄래?"
"너희 기억나지? 어제 미술 시간에 젠탱글 했잖아. 그 전날 선생님이 샘플 작품 만들었거든. 피곤했지만 정성을 들였어. 제일 잘된 걸 보여주고 싶었거든. 그런데 수업 때 보니 친구들이 너무 대충 그리는 거야. 순간 고민됐지.

그냥 넘어갈까? 아니면 더 열심히 해보라고 말할까? 그러다 이런 생각이 딱 드는 거야. '내가 최선을 다한다고 애들이 다 최선을 다하는 것도 아니고, 내가 덜 열심히 한다고 세상이 무너지는 것도 아닌데... 그럼 나도 그냥 대충 하면 되는 거 아니야?' 이런 생각이 들더라고."

내 말이 떨어지기 무섭게 정현이랑 재현이가 큰 목소리로 외쳤어.

"선생님이 열정적으로 가르치지 않으면 우리가 열정적으로 배울 수 없잖아요! 대충 가르치면 안 돼요!"

그러자 유마가 O, X로 친구들한테 물어보자면서 두 팔을 휘저으며 나섰어. 어느새 수업은 '선생님은 우리에게 최선을 다해야 하는가?' 라는 토론으로 바뀌었어.

"선생님이 최선을 다하면 너무 힘들잖아요. 저는 ×예요. 선생님도 쉬셔야 해요."

"선생님이 대충 하면 우리도 대충 할 거예요. 그래서 선생님은 꼭 최선을 다해야 해요."

"선생님이 대충 가르치면 우리도 대충 알게 돼요. 그런데 선생님이 열심히 해도 우리가 안 하면 소용없어요. 그래서… 저는 잘 모르겠어요."

그렇게 막 불이 붙으려는 순간, 종이 쳤어. 그러나 내 심장은 감동으로 계속 울렁거리더라고.

'선생님 피곤할 테니까 쉼도 필요해요.'라고 말해 주는 아이도 고맙고,

'선생님, 열정을 잃지 말아 주세요.'라는 아이도 고마웠어.

'저는 헷갈려요.'라고 솔직히 말하는 아이는 또 얼마나 사랑스러운지.

그 아이들은 나의 최선을 따지지 않았어. 결과를 비교하지도 않았고, "내가 이만큼 했으니 너도 이만큼 해"라는 조건이 붙지도 않았어. 그냥 있는 그대로의 나를 염려하고 응원해 주는 것 같았어.

우리 부모님도 내게 해주시지 않았던 그 말들을 아이들에게서 들으니 평생 애쓰면서 살아온 삶에 말할 수 없는 위안이 되더군. 그리고 '참, 조윤주는 복도 많구나.' 했지.

어때 그렇지? 조윤주는 정말 복이 많아. 오늘도 나는 복 많은 선생으로 학교에 출근했어. 물론 월급날과 방학이 있어서 더 행복하긴 해.

모든 게 가능하다면,
나는 무엇을 하며 어떻게 살고 싶은가?

1. 모든 게 가능하다면

문영득

거창군은 숲으로 이루어진 마을이다.

길은 모두 오솔길이고, 숲 곳곳에는 사람들의 집이 드문드문 자리 잡고 있다. 집들은 모두 단층이며, 복층은 없다. 가끔은 나무 위에 지어진 집도 보인다.

내 집 주변에는 날다람쥐와 토끼, 휘파람새가 함께 산다. 우리는 서로의 존재를 잘 알고, 자주 인사를 나눈다.

아침이 되면 숲속의 통나무집에서 눈을 뜬다. 창문을 열면 햇살이 스며들고, 상쾌한 공기가 폐 깊숙이 스며든다. 나는 이른 새벽 숲을 거닌다. 숲 속의 모든 생명과 대화할 수 있는 나는, 주행성 생명체들과 인사를 나누며 천천히 걸음을 옮긴다. 맑은 계곡물을 만나면 물 한 모금을 마신다.

물만으로도 충분히 살아갈 수 있는 나는 소화기관보다 손과 눈, 코 같은 감각기관이 더 발달했다. 숲의 생명들과는 손끝의 감각으로, 혹은 향기로 대화를 나눈다. 때로는 눈빛만으로도 그들의 노래와 시, 그리고 고통을 들을 수 있다.

아침 산책을 마치고 도서관으로 향한다.
그곳은 모든 생명이 이용할 수 있도록 낮과 밤을 번갈아 운영된다. 어떤 날은 밤새 세계 여러 곳을 여행한 새들과 별빛 아래서 그들의 이야기를 듣는다. 그러다 도서관 지붕 위 둥지에서 새들과 함께 잠들기도 한다.

 이 세상에는 모든 생명이 함께 쓰는 '만생문자'가 있다. 지구의 모든 생명은 이 문자로 역사를 기록한다. 그중 일부 생명들은 자신들만의 문자를 만들어 고유한 방식으로 이야기를 남기기도 한다.

 나는 구름을 탈 수 있다. 마음만 먹으면 세계 어디든 친구들을 만나러 갈 수 있다. 하지만, 이슬만 먹고 사는 나에게 그 여행은 큰 에너지가 드는 일이다. 그래서 1년에 단 한 번, 몸의 에너지를 모아 여행을 떠난다.

 구름을 타고 떠나는 여행은 참 즐겁다. 느린 속도로 흘러가며 세상의 풍경을 자세히 들여다볼 수 있다. 밤이 되어 잘 곳을 청하면 언제나 생명들이 기꺼이 잠자리를 내어준다. 그 마음이 늘 고맙다.

지구의 생명들에게는 하나의 특권이 있다.
죽음 이후, 다음 생에 어떤 생명으로 태어날지 스스로 선택할 수 있다는 것이다. 나는 다음 생에는 새로 태어나고 싶다. 자유롭게 하늘을 나는 날개를 가진 존재, 그 자유로움이 언제나 부럽다.

거창군청에는 '독수리 박사'가 있다. 말이 많지만, 여행을 위한 조언을 아끼지 않는다. 그는 몸의 일부에 여행 허가증을 문신으로 새겨준다. 문신은 여행이 끝나면 자연스레 사라진다.

듣자 하니 누군가 멋진 문신을 원한다면 군청 보건실에서 박사에게 부탁할 수도 있다고 한다. 독수리 박사는 바쁜 와중에도 늘 이렇게 말한다.

"날개가 필요한 이유는 더 멀리 보려는 마음 때문이야."

그는 죽은 뒤 바다의 물고기가 되고 싶어한다. 전생의 기억을 모두 간직한 그는, 바다의 다섯 동물의 삶을 경험하면 우주의 별이 될 수 있다고 믿는다.

태어난 곳으로의 회귀.
아, 그것이야말로 생명의 가장 멋진 꿈이 아닐까?

땅거미가 질 무렵, 나는 노을을 보러 간다.
그곳은 거창의 생명들이 모여드는 노을 명소다. 모두가 함께 앉아 오늘을 이야기하고, 내일을 이야기한다. 아프거나 지친 존재가 있으면 모두가 함께 기도하며, 자신의 에너지를 조금씩 나누어준다.

이것이 내가 아는 처음이자 마지막 문화이다. 이토록 고요하고 따뜻한 세상이라면, 정말 모든 게 가능할지도 모르겠다.

2. 뿌리 내리며 흐르는 시간

이 완

　모든 것이 가능하다고 상상하면, 나는 무엇을 하며 어떻게 살고 싶은가. 평소 '불가능'이라고 설정했던 한계들이 눈앞에 가득하다. 아마도 제한과 장애가 있어야 그것을 넘어서는 방향과 선택이 생기는 법이니까. '모든 게 가능하다'라는 말은 비현실적이지만, 그 비현실 속에서 나는 더 본질적으로 삶의 방향을 묻게 된다.

　모든 게 가능하다면, 나는 무엇을 하며 어떻게 살고 싶은가? 주제를 생각하다 보니 평소에 '불가능'이라고 설정했던 한계들이 눈에 띈다. 걸림돌이라고 생각했던 것들이 없는, 모든 게 가능하다는 조건은 마치 중력이 없는 공간으로 던져진 느낌이다. 한계가 있어서 그 선을 넘으려고 살아왔던 것처럼 '모든 게 가능하다'라는 말은 오히려 하고 싶은 게 없어지게 했다. 모든 게 가능하다는 말은 상당히 비현실적으로 들리지만, 어쩌면 더 본질적으로 삶의 방향을 고민하게 하는지 모른다.

한 살 한 살 나이를 먹으며, 아이를 낳고 기르며, 나는 늘 "이건 안 돼", "저건 무리야"라는 한계를 인정하며 살아왔다. 그런데 그 모든 것이 허물어진 세상, 무한한 가능성을 상상하자 마음 한편이 허전해진다. 걸림돌이 없으면 방향을 잡을 기준이 사라진다. 그래서 다시 나 자신에게 묻는다. 나는 어떻게 존재하고 싶은가.

이 질문은 내 안에 오래도록 품고 있었던 한 장면을 떠올리게 한다. 밭에서 맨발로 농사를 짓다가 죽음에 이르는 모습. 그건 단순한 바람이 아니라, 18년 전 귀농을 하기 전부터 마음속 깊이 품어온 오래된 소원이었다. 지금도 유효한 죽음의 모습. 땀을 삐질삐질 흘리며 호미질하다가 잠깐 그늘막에 앉아 멍하니 쉬다가 문득 그 자리에 조용히 멈춰 서는 것. 그렇게 사라져갈 때 누군가가 옆에 있어도 좋고, 없어도 그리 외롭지는 않을 것 같다. 장례는 소박하게 지나가고, 그리워하는 몇몇이 부엌 귀퉁이에 깨끗한 물을 그릇에 담아 놓는다면 잠시 들러 한 모금 마시고 영영 떠날 일이다.

화장하거나 묻거나 상관없다. 재가 되어 흙에 섞이거나, 죽은 몸이 묻힌 곳에 대추나무 한 그루 심거든 그 나무로 새 삶을 이어도 좋다. 잠이 잘 온다는 맛난 열매를 맺고, 바람에 반짝반짝 잎을 흔들며, 지나가는 아이들에게 그늘을 내어주는 생.

　모든 것이 가능하다는 말은, 무언가를 원 없이 이룸이 아니라 있는 그대로의 삶과 죽음을 받아들일 자유를 뜻할지도 모른다. 죽는 날까지도 삶의 감각을 지닌 채, 고요하고 투명한 마음으로 흙 위에 남고 싶다. 내가 떠난 자리에 작은 생명이 뿌리내릴 수 있다면 그걸로 충분하다.

　인연이 있고 이별이 있듯 '회자정리'라는 말을 늘 마음에 담아왔다. 모든 만남은 언젠가 헤어짐을 향해 간다. 그래서 더 깊이 사랑하고, 더 애틋하게 손을 잡으며 더 자주 안부를 묻게 된다. 떠날 준비를 하며 사는 삶. 그것은 결국 '어떻게 살 것인가'라는 질문과 다르지 않다.

　모든 것이 가능하다면, 나는 여행 작가이

자 자연 관찰자가 되어 글을 쓰고 싶다. 시간과 공간의 경계에 매이지 않고, 하늘의 흐름과 바람, 흙의 냄새와 빛을 고스란히 받아 그날의 자연과 마주한 감각을 글로 옮기고 싶다. 그러나 현실이 떠오른다. "농사꾼이 땅을 버리고 간다고?", "엄마가 아이들을 놔두고 떠난다고?" 가능성의 상상은 결국 책임과 연결된다.

그런데도 대부분의 사람은 하고 싶은 일을 한두 가지씩, 적당한 속도로 실현하며 살아가는 것이 삶의 소소한 기쁨일 것이다. 한꺼번에 모든 제한 없이 다 해낼 수 있는 것보다, 조금씩 천천히 쟁취하며 만들어가는 과정에서 삶의 기술과 균형을 배운다. 그렇게 자신을 다독이며 위로가 아니어도 충분히 위로되는 시간을 경험한다. 그리고 문득 깨닫는다. 나는 이미 살고 싶은 대로 살고 있구나. 중학생 시절부터 내 안에 던진 질문, "나는 어떻게 살 것인가"라는 지금도 멈추지 않고 내 일상의 뿌리

속에서 흐르고 있으니 말이다.

나는 곧잘 한계를 파악하려 했고, 불가능 속에서 가능함을 캐내는 일을 더 의미 있게 여겼다. 그래서 어떤 선이 필요했고, 모든 것이 허용되는 세계 속에서도 내가 감당할 수 있는 '깊이'를 선택하고 싶었다. 넓어지기보다 깊어지는 삶. 해양 심층수처럼 오래되고 차분한 생명을 탐색하는 삶. 천년만년 생존해 온 고생물처럼 변덕스러운 환경과 조건 속에서도 흔들리지 않는 '무엇'을 품고 싶었다.

숲속의 분해자처럼, 생명의 그물망 속 미세한 연결이 되고 싶다. 누구에게도 보이지 않지만 없어지면 안 되는 존재. 숲을 키우는 보이지 않는 균사(菌絲: 곰팡이실)처럼, 버려진 것들, 잊힌 것들, 사람들이 '쓸모없다'라고 말하는 것들을 모아 발효시키는 사람. 텃밭의 풀뿌리, 아이들의 질문, 노인의 희미한 노래, 생명

없는 듯한 폐기물 속에서도 새로운 생명의 서사를 길어 올리는 과정에 긴밀하게 참여할 수 있다면. 그렇게 나는 눈에 보이지 않는 곳에서 생태계를 지탱하는 작은 힘이 되고 싶다.

　상상은 실천과 연결된다. 숲속에 작은 연구실을 열어 하나의 주제를 끝까지 탐구하는 일도 좋겠다. 지적 지평을 스스로 열어보는 일이 내게 의미가 있듯, 언젠가 누군가에게도 필요한 일이라는 믿음이 있다. 모든 것이 가능하다면 동물들과 대화를 나누고, 땅의 언어를 내면화하며 하늘과 바람의 흐름을 따라 살고 싶다. 이러한 상상은 결국 나를 더 자연스럽고, 더 생태적인 존재로 만든다.

　그러니까 지금 필요한 건, 무엇을 이루어야 한다는 압박 없이, 숲속 작은 자리에 조용히 앉아 새소리를 듣고 글을 쓰는 시간이다. 손에 흙이 묻고, 풀잎과 바람을 느끼며, 단지 살아

있다는 감각만으로 충분한 순간. 그곳에서 다시 내가 누구였는지를 기억하고, 내가 어디로 가고 싶은지를 묻는다. 살아 있음 자체가 이미 탐구이자, 생태적 연결의 일부임을 깨닫는 시간이다.

3. 모든 게 가능하다면, 나는 무엇을 하여 어떻게 살고 싶은가?

이정인

#1.

가장 먼저 떠오르는 생각은 보이저호이다. 한 달에 한 번 모이는 책 모임에서 칼 세이건의 '코스모스'를 읽고 있다. 1977년 보이저 2호, 1호는 차례로 발사되고 최초로 태양계를 벗어난 우주선이 되어 지구에 희미한 신호를 보내고 있다. 무엇이든 가능하다면 보이저호 위에 타고 우리은하 이후 세계를 알고 싶다. 밤하늘 별 중에 지구와 같은 행성이 있는지, 지구인 아닌 생명체는 있는지, 우주는 계속 팽창하고 있다는데 끝이 어떨지, 블랙홀 안은 정말로 시간 여행을 할 수 있을지. 우주는 상상의 나래로도 쫓아갈 수 없는 거대한 미지의 세계이다. 천문학을 공부하면 겸손해진다고 한다. 우리는 얼마나 우주의 먼지 같은 존재인지, 근심 걱정이 부질없는지 다시금 느끼고 있다. 칼 세이건의 코스모스를 읽고 있는 요즘 성간 우주를 떠돌고 있는 탐사선 보이저호를 가끔 생각한다.

#2.

출산 후, 몸이 좋지 않았다. 모유 수유 하느라 몸은 구부정하고 늘 아기띠를 하고 다니니 몸이 무너져 내렸다. 몸이 무너지니 정신도 피폐해졌다. 신랑 퇴근 시간에 맞춰 인근 요가원에 다니기 시작했다. 이제 막 걸음마를 시작하고 껌딱지였던 아이는 외출할 때마다 현관 가드를 잡고 울었다. 그래도 내가 살려면 나가야 했다. 그렇게 살기 위한 요가를 다닌 지 벌써 5년째이다. 처음 요가원에 들어갔을 때 육

아용품 하나 보이지 않는 단정한 실내와 은은한 향냄새는 다른 시공간이었다. 1시간 동안 방해 없이 거울을 보며 몸을 움직였다. 마지막 송장 자세에서는 나를 돌본다는 기쁨과 안쓰러움에 조용히 눈물을 흘리기도 했다.

    이전에 신랑이 육아휴직을 쓴다면 무엇을 하고 싶냐고 물었다. 가장 먼저 인도 요가학교가 떠올랐다. 요가는 나의 중요한 일상 루틴 중 하나가 되었다. 요가를 할수록 깊이 알고 싶은 욕구가 생긴다. 나의 고민을 들은 지인은 원광사이버대학교 요가학과를 추천하기도 했다. 요가 공부에 솔깃한 스스로를 보면서 요기니로 정체성이 점점 확고해짐을 느낀다. 요가라는 고요함 속에 나를 바라보는 시간이 일상이 무너지지 않도록 지탱한다. 앞으로도 오랫동안 요가 할 수 있기를 소망한다.

    #3.
    지난 겨울인가? 오랜만에 전 회사의 팀장

님을 만났다. 대화 중에 "정인씨 무슨 걱정이에요. 제 주변에서 가장 하고 싶은 대로 살고 있어요."라고 말했다. 돌이켜보니 그랬다. 회사에서 번아웃이 왔을 때 앞뒤 생각하지 않고 퇴사했다. 뜬금없이 건축을 배우겠다고 혼자 시골로 왔고, 돈과 시간에 구애받지 않고 배워왔다.

무엇을 하며 어떻게 살고 싶으냐는 주제를 받고 떠오르는 게 없었다. 스스로에게 재차 물었다. 크게 떠오르지 않는다. 만족하면서 살고 있구나. 늘 편이 되어주는 가족이 있고 일할 수 있는 튼튼한 몸이 있다. 쾌적한 집에서 매일 요리하고 쉬고 잔다. 지역 도서관도 두 곳이라 휴일에 번갈아 가면서 이용할 수 있고, 세계관을 확장해 주는 좋은 친구들도 많다. 감사하고 만족하면서 살고 있구나. 생에 가장 빛나는 시기이다.

4. 모든게 가능하다면

홍순희

    고개를 들어 사무실 유리창 밖을 바라본다. 유리창 건너편, 바람에 흔들리는 〈한여름 밤의 꿈〉 연극 포스터가 시선을 붙든다. '모든 것이 가능하다면' 나는 무엇을 하고 어떻게 살아가고 있을까? 에 대한 글쓰기에 앞서 질문을 던진다. 시간을 거슬러 갈 수 있다면 나는 어디로 향하고 있을까? 지금, 행복한가? 꿈을 꿔 보기로 한다. 한여름 밤의 꿈 같은 나의 긴 바램의 이야기가 시작된다.

    드르르르~~~ 드르르르~~~

진동으로 설정해 둔 휴대폰이 테이블 위에서 요란하게 울어 댄다. 테이블 위 휴대전화 화면이 밝게 빛난다.

"엄마 잘 지내세요?"

전화기를 타고 들려오는 큰딸의 목소리다. 큰딸은 캐나다 몬트리올에서 살고 있다. 그토록 바라던 국제음악 자격증을 취득하고 몬트리올에서 자신의 삶을 살아가고 있다. 제주도의 아침은 어떤지 기분은 어떤지 제주 생활은 괜찮은지 숨 쉴 틈도 없이 묻는다. 몬트리올은 딱 자기 스타일이라며 자신의 일상을 재잘재잘 참새처럼 잘도 떠든다.

딸의 전화를 끊고 나서도 한참 생각에 빠진다. 가보지 못한 그곳의 하늘은 어떤 색일까. 새벽 공기는, 그 도시의 나무들은 어떤 향기를 품고 있을까. 먼 나라에서 스스로 삶을 살아가고 있는 딸이 걱정되지만 씩씩한 목소리를 들으면 마음 한편으로는 안심이 된다.

나는 지금 제주에서 산다. 제주의 아침은 고요하고 바람은 부드럽다. 바람은 늘 내 묵은 시간을 흔들어 깨운다. 오래전부터 나는 바다를 그리워했다. 퇴근길 저녁 하늘을 보며 섬에서의 삶을 상상하곤 했다. 제주에서 한 달 살기를 꿈꾸다 일 년 살기가 되었고, 지금은 제주 시민이 되었다. 오랫동안 준비하고 바라던 북카페를 운영하고 작은 텃밭을 가꾼다. 물론 텃밭 한편에는 귤나무를 심었고 채소와 먹거리보다 꽃을 더 많이 심었다. 좋아하는 루꼴라와 바질은 욕심이 나서 화분이며 텃밭에 수북하게 씨앗을 뿌렸다.

'섬에서 살고 싶다고' 노래하던 젊은 날이 있었다. 그 노래 속의 바람과 파도가 결국 나를 이곳으로 데려왔다. 바다 내음이 좋아 소라며 바다 고동을 즐겨 먹었는지도 모르겠다 .

섬사람이 되어보겠다고 결심하고 욕지도에

서 일주일 머물며 혼자 섬 곳곳을 헤집고 다녔던 적도 있었다. 순식간에 불어와 머리카락을 새집처럼 만들어 버리는 거센 겨울 바다를 사랑한 적도 있어 짧은 휴가마다 겨울 제주를 자주 오갔다. 폭우가 내려 우산으로도 가릴 수 없었던 빗속을 달려 동백을 만나러 갔다. 무엇인가에 미쳐 본 사람은 알 것이다. 그렇게 사랑했던 바다를 가까이 두고 살게 되었다.

한때는 북카페를 열고 싶었다. 책과 커피, 그리고 사람의 이야기가 어우러지는 작은 공간을 꿈꾸었다. 어린이 책 문화 활동가로 있으며 모으고 또 모았던 그림책이 카페 한쪽 벽면을 다 채우고도 남을 만큼 모아졌다. 핸드드립 커피를 좋아하고 사람 오는 것을 마다하지 않는 내 성격으로 북카페 정도는 거뜬히 해 내리라 여겼다. 동화 모임에서의 토론과 웃음, 글쓰기 모임에서 나눈 진심들이 그 꿈의 씨앗이었다. 그리고 오랫동안 꿈꿔 왔다.

제주 어느 한적한 바닷가에서의 북카페, 지인들이 머물 아늑한 공간, 꿈이 이루어졌다. 오늘은 뭍에서 친구들이 놀러 온다. 아침부터 마음이 분주하다. 생태 글쓰기를 하며 알게 되었던 글쓰기 친구들이다. 그들은 자연을 사랑하고 사소한 삶의 흔적에서도 아름다움을 발견하는 이들이다. 자연을 소중히 여기고 보존하려 애쓰는 그들은 언제나 내 마음의 소울프랜드다. 내가 직접 가꾼 바질과 루꼴라로 정성스러운 식탁을 준비해야겠다.

다시 나에게 질문을 던진다. '모든 것이 가능하다면?' 어쩌면 이 질문은 처음 내게 던졌던 '행복한가'에 대한 답일지도 모르겠다.

나는 지금 이 순간처럼 살아가고 싶다. 자연과 사람, 그리고 사랑이 하나의 호흡으로 이어지는 지금 이 자리에서 나는 이미 충분히 잘 살아가고 있으니까. 내 삶의 소박한 일상이 그렇게 또 하나의 꿈으로 이어지며 살아가고 싶다.

아무것도 사지 않는 날

1. 사지 없고 잘 살았건만

강미영

마당 배롱나무 잎사귀가 까맣다. 나무를 타고 오르는 개미 떼를 보니, 영락없는 진딧물 짓이다. 잔치는 열렸지만, 정작 자리를 마련한 주인장은 제 노릇을 못 하는 중이다. 덩치는 번듯한데 꽃과 잎사귀는 원래 모습을 온전히 드러내지 못하는 배롱나무다. 적당히 소비하고 알맞은 소유로 '소소한 삶'을 지향했던 내 촌집 라이프도 이 배롱나무와 같았던 건 아닐까, 잠시 생각에 잠겼다.

숨 가쁜 상반기를 보내고 드디어 휴가철이

다. 열기로 가득 찬 시간이 끝을 모르고 이어지던 정점의 날들을 접어두고, 일단 집에 두고 갈 것들을 살폈다. 며칠 동안 약간의 단식을 해야 할 반려 도마뱀 대추와 후추에게 든든하게 밥을 먹였다. 알아서 잘 먹는 반려 고양이 모찌는 식곤증에 늘어진 틈을 타서 캐리어에 슬쩍 들어 넣었다. 가져갈 짐이라곤 며칠 갈아 입을 옷가지와 냉장고에서 더는 손을 미룰 수 없는 반찬들이 전부였다. 신맛 가득한 여름 사과 한 봉지, 큰 덩치로 갈 곳 잃은 양배추 한 통, 푸짐하게 먹겠다며 무턱대고 500g이나 삶 았다가 새까만 국물 대참사를 일으킨 삶은 서리태까지. 이번 휴가는 힐링이 될까, 생존이 될까.

2박 3일의 여정. 한 시간여 만에 도착한 곳은 나의 고향, 대구 본집이었다. 휴가 기간에도 '덜 사고 덜 소비하는 촌집러의 삶'을 계속하겠다며 가져온 식재료를 한 조각도 남김

없이 요리할 계획을 세웠다. 여름 사과는 사과 잼으로, 양배추는 찌고 볶고 생채로도 먹고, 서리태는 빵에 넣어 구울 작정이었다.

그 결심은 작심 세 시간쯤 갔다. 요즘 한창 먹부림 중인 작은 녀석이 목욕하고 나오더니 밤 산책 겸 편의점에 가잔다(세상에, 집 앞에 편의점이 있는 곳에서 내가 살았다!). 촌집에서는 꿈도 못 꿀 야행이다. 아이는 '석기시대' 초콜릿을 살 거란다. 시골 슈퍼에는 안 팔더란다. 번화가의 대단지 아파트 단지도 아닌데, 코앞 편의점에는 온갖 간식거리와 생활용품들이 어마어마하게 들어차 있었다. 마치 새로 태어난 듯 이 모든 것이 신기하게 느껴졌다. 편의점의 밝디밝은 조명 아래 반짝이는 상품들이 줄지어 있고, 촌집 앞 시골 슈퍼의 '있을 것만 있는' 단출함과는 차원이 다른 번잡함에 나는 속으로 비명을 질렀다. 헨젤과 그레텔, 너희가 본 과자집의 황홀감이 이런 거였니? 귀촌 2년 차, 내 몸과 마음 일부는 이미 촌집과 혼연일체 중이었구나!

좋아하는 드라마에서 지쳐있는 주인공에게 심리 상담가가 말했다. "꼭 여행이 아니더라도 다른 환경에서 시간을 보내세요. 집에서는 쉬는 게 아니에요." 그래, 쉬고 싶어서 떠났는데 여기가 바로 그 '다른 환경'이구나. 촌집 사방에서 몰려오던 온갖 벌레들과 동물들의 흔적 대신 달콤하게 둥둥 떠다니는 도시 소비자의 삶. 촌집에서 몇천 원짜리 라면 한 봉지가 여기선 단돈 몇백 원이다. 자본도 많고 재화도 많고 사람도 많으니, 누군가는 '후려치고', 누군가는 '후려쳐지는' 곳. 몇십 명의 주민들만 설렁설렁 다녀가는 촌집 슈퍼마켓과, 매서운 눈길로 사냥하듯 들리는 아파트촌 상가 슈퍼. 나는 과연 어느 쪽에 더 맞는 인간일까.

잊고 있었는데, 나는 도시의 시민이기 전에 산업 사회의 소비자였다. 도시는 '소비자의 천국'으로 친절하게 인도하며 끊임없이 부추긴다. 충실히 벌어 성실하게 지갑을 봉인 해제하라고. 지령은 '제때제때' 빠르게 쓰고, '째깍째깍' 구매 정보를 받을 것!

어라, 막대 아이스크림이 10개에 2,900원이란다. 봉지에 두세 개씩 쓸어 담고 있는 내 손이 살짝 낯설었다.

행복하게 초콜릿을 먹은 아이는 다음 날 아침으로 밀랍 벌꿀집을 얹은 그릭 요거트를 먹고 싶단다. 촌집에서는 아예 요구도 없더니 휴가가 뭔지 아주 잘 아는 듯했다. 몇 번의 클릭만으로 욕구는 해소되었다. 밤 10시에 주문한 벌꿀집은 다음 날 새벽, 문 앞에 도착해 있었다. 나는 두 번째 비명을 질렀다. "이 얼마 만에 보는 초록 초록한 새벽 배송 가방이냐!" 문명사회를 처음 접했던 늑대소년 너도 그랬으

려나? 눈이 번쩍 뜨이는 이 짜릿함과 기쁨. 이런 게 신기하다는 거구나. 불과 1년 전의 나의 일상이었건만, 이제는 놀라운 일이 되어버린 이 아이러니!

나는 과연 '소비자 디톡스'가 어느 정도 된 걸까? 노 와이파이존인 촌집에, 전자레인지와 전기포트, 전기밥솥도 두지 않고 모든 걸 직접 하며 최대한 불편하게 살아보자며 스스로 다짐을 했다. 그렇게 1년을 보내고 새해가 되자마자 제일 먼저 한 일이 와이파이를 설치하고 전자렌지를 사는 거였다. 그 일은 내게 무한한 '자유'를 줬고, '시간 선물'을 줬다. 편리함은 달콤함이구나, 그 생각이 봇물 터지듯 촌집 구석구석에 진하게 스며들었다.

'소비자 디톡스'로 1년여를 졸라매고 나니, 와이파이 없는 집, 전자레인지 없는 집에서 다시 살 수 있을까 싶은 회의가 든다. 덮어

놓고 일단 거부해보니, 이렇게 욕망의 바닥을 치고 올라와 새로운 균형점을 찾을 힘도 생긴다. 문명의 이기들은 너도 잘살고 나도 잘살려고 만든 도구들이라 왜 만들어졌는지 상기하는 마음이 늘 필요하겠다. 클릭 한 번에 마법처럼 문 앞에 와있는 그릭 요거트와 벌꿀집은 참 환장할 만큼 맛있었다. 인간이 만든 시스템이 주는 편리함은 정신을 쏙 빼놓을 만큼 달콤했다. 이러다 곧 이 삶만이 정답인 양 다른 삶을 생각할 여지도 없이 똑같이 살아가겠지. 그리고 또 언젠가 소비욕이 차오르는 날에 물리적으로 디톡스하겠다며 난리 칠지도 모른다.

멋들어진 풀빌라 펜션도 아니고, 바다가 보이는 오션뷰 별장도 아닌, 그냥 평범한 아파트에서 보낸 여름휴가였다. 열심히 쓸어 담았던 막대 아이스크림은 결국 다 먹지 못하고 냉동실에 넣어 두었다. '자급자족 촌집러'와 '새벽배송 회원'이라는 두 캐릭터를 마주하는 나를 본다. 어느 것이 본캐이고 부캐인지 모르겠지만, 덜 사고 덜 소비하면서 새벽배송의 편리함도 즐기는 촌집러의 이중생활, 이것이 내 일상의 주제임은 인정한다.

2. 절제된 소비의 미학

노지현

'아무것도 사지 않는 날'이란 게 있다.

11월의 마지막 토요일.

현대 산업사회에서 빼빼로데이, 로즈데이, 블랙데이, 발렌타인데이, 화이트데이, 블랙프라이데이처럼 소비를 부추기는 날은 많다. 그런데 하루만이라도 '사지 마세요'라고 권하는 날이 있다니 놀랍다. 아마도 무분별한 소비와 생산이 환경을 해치니 잠시라도 멈춰보자는 취지일 것이다. 그러나 단 하루로는 부족하다.

진짜 목적은 일시적인 절제가 아니라, 비판적이고 지속적인 소비 습관으로 이어지는 것이라 짐작된다.

사실 이 운동에 대한 거창한 소견은 없다. 돈도 써 본 사람이 쓸 줄 안다고 나란 사람은 돈을 넉넉히 가져본 적도, 써 본 적도 없다. 그저 아낄 수 있다면 가능한 한 아끼고 꼭 필요한 것만 심사숙고해 산다. 예쁘고 탐나는 것보다 투박하더라도 쓰임이 있고 오래 쓸 수 있는 물건을 고른다. 그렇게 살다 보니 '무분별한 소비'에 관한 주제는 나와는 동떨어져 고찰해볼 계기가 없었다.

다만, '소비'라는 단어를 떠올리면 단상들이 몇 개 떠오를 뿐이다. 그 이야기와 함께 소비에 관한 나름의 생각을 덧붙여보고자 한다.

초등학교 5학년, 한창 예쁜 것들에 눈이 가고 꾸미고 싶어질 나이.

예쁜 옷을 입은 친구들이 부러워 나도 하나쯤 갖고 싶다고 엄마를 졸랐다. 엄마는 시선조차 돌리지 않고 하시던 일을 이어가며 끝내 묵묵부답이었다. 며칠 뒤, 엄마는 할머니 댁을 다녀오며 쌍둥이 이모의 옷이 담긴 검은 봉지를 내 앞에 꺼내놓았다. 열세 살 차이가 나는 직장인의 정장이 초등학생에게 어울릴 리 없지만, 체념한 채 몇 개의 옷들을 꺼내 입고 학교에 다녔다.

그런 소녀의 낙은 용돈의 일부로 매월 패션잡지를 구매하는 일이었다. 한 달 내 몇 번이고 잡지를 들춰가며 마음에 드는 옷에 동그라미를 치는 것이 당시 내가 제일 즐겨하던 취미였다.

스물다섯.

호주 케언스의 게스트 하우스에 장기 투숙했다. 일 때문에 방을 구할 법도 하지만 왁자지껄한 분위기가 좋아 그곳에 머물기를 자처

했다. 4개월째 머물며 고인 물이 되어버린 나는 어느덧 짧으면 3일, 길면 일주일 정도 머문 여행객이 남기고 간 식재료 처리반이 되어있었다. 나름의 요리를 해서 소소한 파티를 열기도 했다. 내 것이 아닌데도 그저 버려지는 게 아까웠다.

 우기가 오고 관광객이 줄며 일자리가 불안해지자 나는 시드니로 향했다. 입던 옷과 물건을 모두 나눔 상자에 붓고 '필요한 사람 가져가기' 쪽지를 붙여 놓았다. 열대지방의 옷이 남쪽 도시에서 쓸모를 잃는 순간, 나는 그것들이 또 다른 누군가의 손에서 다시 쓰이기를 바랐다. 물건에도 생애가 있다. 그것이 쓰임을 잃을 때, 우리는 다시 한번 자연으로부터 빚지는 셈이 아닐는지.

 스물일곱이 되던 해.
 어느 날 엄마가 이모의 전화를 받았다.
 "언니, 요새 엄마가 이상하다. 오후 세 시

만 되면 장을 뒤져 물건을 보따리에 싸서 뒷산에 가 태운단다. 아무래도 가봐야 할 것 같다."

며칠 후, 할머니는 중환자실에 입원하셨고 얼마 지나지 않아 결국 세상을 떠나셨다. 할머니 댁 부엌 장에는 단출한 그릇 몇 개만 남았다. 아마도 떠날 때를 미리 알고, 남겨진 물건이 자식들에게 귀찮은 일거리가 될까 염려하신 모양이다. 횅한 장 속에 그릇들을 멍하니 바라보며, 할머니가 아픈 몸을 이끌고 힘겹게 부수고 태우느라 노심초사 애썼을 모습을 떠올리니 마음 한편이 저려와 눈물이 났다.

결혼 후.

우리 부부는 새 옷을 사지 않는다. 아이들 옷은 될 수 있으면 물려받고, 부부의 옷은 중고 가게에서 구한다. 처음엔 낯섦에 마냥 부정적이던 신랑도 이제는 계절이 바뀌면 먼저 그곳으로 향한다. 옷이 해지거나 물이 빠지면 대체할 만한 옷을 구하는 정도의 소비다. 유행이 있다고는 하지만 우리 부부에게는 딴 세상 사람들 얘기다. 우리는 유행을 따르는 대신 절제된 소비로 자연과 공존하는 삶을 실천하는 셈이다. 섬유 한 조각을 만드는 데 쓰이는 물의 양, 염색 공정에서 흘러나오는 폐수를 생각하면, 이 작은 실천 하나가 얼마나 고통받는 지구의 시름을 덜어주는 일인지 생각해 보게 된다.

재작년 2월.

이사를 앞두고, 거실에 쌓인 물건들을 바라보며 한숨이 나왔다. 아이들이 자라며 남긴 장난감, 교구, 로봇까지 그득했다. 신랑은 큰 포대 자루 하나 사서 몽땅 버리자고 했지만, 나에게는 그리 간단한 문제가 아니었다. 사실 입지 않는 옷도 헌 옷 수거함에 넣어버리면 그만이다. 하나 그 옷들 또한 쓰임이 없는 채 어느 나라의 메마른 강에 뿌려진다고 한다. 아직 쓸 수 있는 것들을 버리는 건, 마치 작은 생명을 버리는 일처럼 느껴져 마음 불편함을 넘어 일종의 죄의식마저 든다. 어떻게든 쓸 수 있는 건 버려지지 않고 쓰이는 것이 옳다는 게 확고한 나의 생각이다. 그 생각 하나로 밤잠을 설치고 꾸러미를 하나씩 풀어 누군가의 쓸모를 묻고 새로운 주인이 찾아 건넨다. 그러는 통에, 이사하기 여섯 달 전부터 분주한 나날이 시작됐다. 신랑은 쓸데없고 무모하다 했지만, 나에겐 그저 몸은 고되나 마음이 편한 길을 선택했을 뿐이다. 나눔은 단순한 정리가 아니라 물건의 순환을 다시 이어주는 일이기에.

산업화 시대에 때로는 가진 것들로 평가받기도 한다. 그러나 자신만의 소비 철학을 지니고, 타인의 평가에 휘둘리지 않을 용기만 있다면 굳이 따라가지 않아도 된다. 오히려 따르지 않는 편이 더 자유로울 수도 있다고, 난 믿는다.

누군가 말했다.

"생각대로 살지 않으면, 사는 대로 살아진다."

나는 말하고 싶다.

"생각대로 소비하지 않으면, 사는 대로 짊어져야 한다."

소비의 결과는 결국 자연이 감당하고, 그 자연 위에서 다시 우리가 살아간다. 소비를 줄이는 일은 결국 나를 가볍게 하고, 지구를 조금 덜 아프게 하는 일이다.

어쩌면 소비야말로 비판적 사고가 가장 필요한 행위가 아닐까?!

3. 좀 없어 보이게 사는 법
- 사지 않고 버틴 날들에게 -

오혜영

#1. 소형 글루건과 검정 절연 테이프

석유가 만들어낸 수많은 화학물질 중 일상생활과 가장 친밀한 것이 비닐과 플라스틱일 것 같다. 플라스틱의 결함이라면 부러진다는 것과 썩어서 사라질 일이 없다는 것. 부러지더라도 썩지 않는 이 물건을 그냥 버릴 수가 없어 찾아낸 방법이 바로 이 장난감 총같이 생긴 작은 글루건과 검정 절연 테이프이다. 왕창 깨어진 플라스틱 제품이라면 버려야겠지만 작은 실금이나 부러진 손잡이 정도는 고쳐보리라 마음먹었다. 글루건으로 깬 진 부분을 땜질하고 검정 테이프로 칭칭 동여매는 것. 생각보다 간단하지만, 이 방법을 찾아낸 것은 그리 오래 되지 않는다. (집 앞 다OO 플라스틱 제품들은 저렴한데 이쁘기까지 하다. 천원이면 얼마든지 반짝이는 새것으로 바꿔 놓을 수 있는데 굳이 그런 수고를?) 용케 찾아낸 이 수선법으로 바구니 손잡이 같은 애들은 거뜬히 재사용이 가능하게 되었다. 그러나 반들거리는 다른 플라스틱 제품들 옆에 검은 붕대를 감고 놓여 있는 그네들이 좀 없어 보이기는 한다.

#2. 샴푸, 로션, 치약, 핸드크림

눌러 짜는 용기에 담긴 제품들이 거의 다 쓰고 나오지 않는다 싶으면 의사가 환자의 복부를 열어보듯 가위와 칼을 이용해서 바로 내부를 살펴보아야 한다. 대부분은 용기 안쪽에 엄청난 양의 내용물이 덕지덕지 붙어 있기 마련이다. 잘 갈라지는 용기는 반으로 잘라 한쪽을 뚜껑처럼 쓰며 아래위를 포개 놓은 뒤 손가

락으로 닦아내듯 쓴다. 치약은 당연히 튜브를 있는 힘껏 박박 밀어 집게로 고정하면서 더는 튜브가 말리지 않을 때까지 쓴다. 그리고도 마지막은 뚜껑 벗겨내고 입구에 남은 것까지 다 짜내보는데 그야말로 젖 먹던 힘까지 써야 한다. 그리고 샴푸같이 딱딱한 용기들이 펌프질에 가래 끓는 소리만 들리고 더는 내용물이 올라오지 않는다면 이제 소량의 물을 넣어 주어야 할 때이다. 그리고 가차 없이 마구 흔들어 준다. 용기와 펌프 관 안에 남아 있던 내용물들이 부드러워지면서 앞으로 몇 번이고 더 쓸 수 있다. 희석된 내용물도 다 나왔다 싶으면 이젠 분리수거? STOP! 아직 마지막 절차가 하나 더 남았다. 통을 버리기 전 물로 다시 여러 번 헹구어 그 마지막 거품 물을 세탁기 돌릴 때 부어 준다. 샴푸 통 완전히 비우기는 생각보다 오래 걸린다. 그러고 있는 동안은 좀 없어 보이기는 한다.

#3. 옷

계절에 따라 옷이 필요한 날씨 덕에 옷장은 언제나 만원이다. 옷을 많이 사지 않는 것 같은데도 가지 수를 줄이기가 힘들다. 대신 구매 비용을 줄이는 팁으로 꼭 입고 싶은 디자인이 있으면 시장으로 가서 네댓 군데 있는 구제 옷집들을 먼저 돌아보면서 아이쇼핑을 한다. 여러 집 돌다 보면 새 제품이면서 내가 원하던 스타일과 비슷한 옷을 찾을 확률이 제법 높다. 그렇게 옷 구매의 30~40%는 오천 원에서 만 원짜리 한 장으로 해결할 수 있다. 물론 막 입기에 좋다. 입던 옷은 버리기 전 자가 수선도 가능하다. 제일 자신 있는 종목은 고무줄 끼우기! 오래 입어 늘어난 잠옷, 팬티, 운동복들이 내 손을 거쳐 짱짱한 허리로 다시 태어나는 걸 보는 일은 또 다른 즐거움이다. 한때는 구멍 난 양말도 많이 꿰맸는데 이젠 아이들도 그런 건 제발 버려달라고 사정을 한다. 아무튼, 양말 꿰매기는 인제 그만두었지만, 살짝 찍혀 터진 옷이나 하의 밑단 정도는 손바느질로 수선해서 입는다. 수선집에서 돈 들여 고친 것보단 확실히 엉성하다. 그래서인지 자가 수선 옷은 어딘지 좀 없어 보이기는 한다.

#4. 재활용품의 귀환

처음 당근이라는 앱을 알았을 때 뭐 이런 앱이 다 있지? 누가 이런 걸 만든 거야! 환호가 절로 나왔다. 넘쳐나는 생활용품을 버리지 않고 무료나 저가에 나눔, 그것도 내 손안에서 핸드폰으로 할 수 있다니 너무 좋았다. 집에서 언젠가 쓰겠지, 하고 자리만 차지하던 물건들을 모두 꺼내어 쓸고 닦고 광을 내어 최대한 이쁘게 사진을 찍어 당근에 올렸다. 정말 나에겐 필요 없다 싶은 물건은 무료, 쓸만한데 잘 안 쓰는 물건은 1만 원 안팎으로 새 주인 찾아주는 일에 신이 났었다. '그래 이렇게 쓰레기를 줄이고 필요한 사람을 찾아주는 일이 세상을 구하는 일이지!' 하며 매일 앱을 들여다보며 살았던 적이 있다. 필요한데 굳이 새 제품이 아니어도 좋을 것 같은 물건들은 일단 당근을 뒤진다. 내가 필요한 것들은 사람들한테도 인기가 많은지 이미 판매 완료. 예약도 걸어 보고 찜해 놓기도 하고, 하지만 그때그때 바로 깨끗한 물건을 구하긴 쉽지 않다. 읍으로 이사를 오고 난 뒤 당근 앱보다 더 선호하는 중고 물품 공급처가 하나 더 생겼다. 사는 곳과 가깝기도 하고 어떤 물건도 완전 공짜다. 어디냐고? 아파트 분리 수거장! 운이 좋으면 상자째 한 번도 사용하지도 않은 새 물건도 간혹 만난다. 그렇게 나에게 와서 잘 쓰이는 물건들이 여럿 있다. 소형 식품 건조기, 진공청소기, 그릇, 가방, 신발 등등 가히 득템이 아닐 수 없다. 하지만 그네들을 쓰레기장에서 데려올 땐 주위를 좀 살핀다. 분리 수거장 물건을 뒤적거리는 일은 좀 없어 보이기는 한다.

이렇게 없어 보이게 살아도 아무것도 사지

않는 날을 헤아려보니 두 달 동안 이삼일이 되지 않았다. 너무 더워 밖에 나가지 않고 냉장고에 있는 것으로 끼니를 해결한 그런 날. 현금이나 카드를 사용하진 않았지만, 일상에서 사용하는 전기며 수도며 가스, 통신, 차량 유지비 등 모든 것에 비용을 치르고 사니 아무것도 사지 않는다는 것이 어쩌면 죽고 나면 가능하지 않을까 싶다. 자연 요법에서 병이 나면 단식을 한다. 몸도 음식이라는 소비재를 줄이면 과잉의 상태에서 발생하였던 여러 가지 장애들을 스스로 극복해 낸다. 그래도 먹고 죽은 귀신은 때깔도 곱다고 배고픈 시절 새겨진 DNA 정보를 역행하기란 쉽지 않다. 이제는 잘 사고 잘 버리는 귀신이 더 있어 보이는 탓에 좀 없어 보이게 사는 일 또한 그리 쉬운 일은 아니다. 우리는 밥 먹듯 소비하고 화장실 가듯 버린다. 오늘도 그랬고, 내일도 그럴 것이다.

못 보던 물건이 집에 들어와 있으면 아들이 묻는다. "엄마, 이거 또 주워 온 거 아니야?"

"아들아, 엄마가 비록 없어 보이기는 하지만 진짜 없어서 그러는 거 아닌 줄 알지?"

소비 다이어트도 체중 다이어트만큼 열풍이 분다면 아이들 눈에 엄마가 좀 있어 보이려나?

모를 일이다.

4. 맥주에서 슬로우 조깅까지

조윤주

언제부터인가 아침 명상과 저녁 맥주는 하루를 열고 닫는 나의 루틴이 되었다. 아침 명상은 맑음과 새로움을, 저녁 맥주는 편안과 이완을 주었다. 그 두 축이 오랫동안 나를 지탱했고 나름 만족스러운 생활이었다.

그러나 작년부터 갖게 된 새로운 직책과 업무는 거센 스트레스의 파도를 몰고 왔다. 파고가 높아질수록 아침 명상은 힘을 잃고, 저녁 맥주가 일상의 비중을 더 많이 차지하기 시작했다. 1년 365일 가운데 360일을 마셨다.

저녁 대신 빈속에 스며드는 알코올은 하루 종일 긴장 속에 파도를 타는 나를 적당하게 무너뜨리고 안전하게 쓰러지게 했다. 맥주 몇 캔과 새우깡 한 봉지, 하루 몇 천원쯤으로 쉽게 평화를 얻을 수 있었다. 한 달, 두 달 이 돈을 모으면 적지 않을텐데 좀 더 건전한(?) 소비를 해볼까도 생각했지만 값싼 위안을 포기할 만큼 절실한 동기는 되지 못했다.

결국 업보는 몸으로 돌아왔다. 먹는 것이 곧 그 사람이 된다는 단순한 진리가 몸 구석구석에서 확인되었다. 대사는 느려지고, 원인 모를 염증 반응들이 찾아왔다. 갱년기의 열오름 증상과 다한증, 무엇보다 불편했던 것은 아침마다 퉁퉁 부은 발바닥이었다. 뒤뚱거리며 걸음을 옮길 때마다 스물스물 자괴감이 올라왔다.

그즈음, 누군가가 슬로우 조깅을 권했다.

맥주 500ml 두 캔이 340ml 한 캔으로, 다시 250ml 미니 캔으로 줄어드는 동안, 내 일상의 빈자리는 조금씩 달리기로 채워졌다. 퇴근길 편의점 대신 운동화를 꺼내 들고 집 앞 저류지의 트랙을 돌기 시작했다. 매일 맥주를 사지 않는다는 섭섭함은 묘한 뿌듯함이 되었다.

내면의 평화를 위한 소비 욕망은 다른 얼굴로 다가왔다. 스마트 워치, 쿠션 좋은 조깅화, 발목을 잡아주는 테이핑 양말, 조깅 후 다리를 풀어준다는 종아리 관리용 스프레이. 자외선 차단 페이스 커버, 땀 흡수용 헤어밴드, 속건성 쇼츠, 국가대표가 쓴다는 무릎 보호대까지. SNS는 알고리즘이라는 이름으로 온갖 유혹을 들이밀었다. 나는 장바구니에 넣었다 뺐다를 반복하다 결국 결제를 누르곤 했다. 일 년치 맥주값은 단시간에 조깅용품을 구입하는 비용으로 흘러갔다.

슬로우 조깅 90일째, 아련한 취기는 반짝이는 땀으로 녹아내리고, 땅에 닿는 단단하고 명료한 감각 위로 성취감이 솟는다. 그것은 맥주가 주던 그것과는 다른 개운하고 은근 중독적인 맛이다.

나는 지금 맥주 대신 슬로우 조깅에서 위안을 얻는다. 그러나 소비라는 욕망은 여전히 나를 따라온다. 달리기와 함께 찾아온 새 물건들은 건강을 핑계 삼아 나를 설득 중이고, 나는 그것을 흔쾌히 받아들이고 있다. 당분간은 이 소비를 기꺼이 허용하려 한다. 알코올이 아닌 땀과 호흡 위에서 일어나는 '나를 돌보는 소비'이기 때문이다.

5. 아무것도 사지 않는 날

홍순희

　이사를 준비하며 몇 달 동안 버리고 또 버리는 일에 집중했다. 버리는 일은 단지 눈에 보이는 '나'를 정리하는 것이 아니라, 보이지 않는 '나'를 돌아보게 하는 반성의 시간이기도 했다.

　10여 년을 주택에서 살며 크고 작은 공간마다 살림살이가 가득했다. 이 많은 짐을 다 가지고 가기에는 엄두가 나지 않았다. 창고를 열어보니, 수년간 한 번도 눈길 주지 않았던 물건들이 수두룩했다.

나는 원래 물건을 잘 버리지 못한다. 어떤 것이든 깨끗이, 오래 쓰는 편이다. 오래 쓰다 보면 정이 들어 낡더라도 "추억이 있으니까" 하며 남겨두곤 했다. 한때 한옥을 개조해 살던 시절이 있었다. 그때 부엌이 추워 사용했던 주물 나무 난로는 "언젠가 카페를 하면 소품으로 써야지"하며 남겨두었고, 정원에 있던 돌절구와 맷돌은 '타샤의 정원'을 꿈꾸던 나의 작은 로망이었다.

아이들이 쓰던 책상과 침대는, 도시로 떠났던 아이들이 돌아와 편히 머물기를 바라는 마음으로 남겨두었다. 큰아이가 일곱 살 때부터 사용하던 피아노는 겉이 멀쩡했고 조율만 하면 좋은 소리를 냈다. 세 아이의 손때가 묻은 그 피아노를 쉽게 버릴 수 없었다. 가장 마음이 복잡했던 것은 한 벽면을 가득 채운 책이었다. 어린이 책 문화 활동가로 지내며 읽고 공부하기 위해 모은 그림책들이었다. 그것은 내

젊은 날의 흔적이자 시간과 열정의 결과였다. 이 책들을 가져가야 할까, 망설이다가 결국 결심했다. 버리자. 결심하고 나니 마음이 한결 가벼워졌다. 필요한 사람들에게 나누고, 피아노는 작은 교회에서 가져갔다. 그러나 트럭에 실려 골목 끝으로 사라지는 피아노의 뒷모습을 끝까지 바라보다가 눈물이 났다. 앓던 이를 빼낸 듯 시원하기도 하고 다시는 볼 수 없다는 아쉬움이 밀려왔다.

짐을 줄이고 나누는 동안에도 남은 짐의 3분의 1은 여전히 그림책이었다. 아이들이 처음 연필을 쥐고 끄적였던 그림, 일기, 편지, 아이들 글이 실린 학교 문집들까지 모으면 족히 책 다섯권은 될 이야기들이었다. 그 외에도 버리기 아까운 것들이 많았다. 신혼여행 때 입었던 커플 니트까지 그대로 보관하고 있었다. 마당에 물건들을 내놓고 '필요한 분 가져가세요'라고 써 붙였더니 몇시간만에 모두 사라졌다.

마당은 며칠간 작은 나눔의 자리가 되어 따뜻했다.

버리고 나누다 보니 집이 비워졌다.
"이 방이 이렇게 넓었나?"
"창고가 이렇게 컸던가?"
그제야 새삼 놀랐다. 힘은 들었지만 마음은 점점 가벼워졌다. 불필요한 것들을 사고 또 쌓으며, 마음속까지 짐을 쌓아 왔던 건 아닐까, 결국 모든 것은 언젠가 버려질텐데, 나는 순간의 욕심으로 함부로 사고, 버리지 못한 채 살아온 건 아닌지 반성하게 된다.

'아무것도 사지 않는 날'을 생각해본 적은 없지만, 나는 나름대로 소비를 줄이기 위한 작은 습관을 만들었다. 매주 목요일, 성당에 가는 날에는 저녁을 먹지 않는다. "연애를 할 때에는 속은 조금 비워두는 것이 좋다." 어느 시인의 싯 구절처럼, 마음을 비워두는 연습이다.

그날은 먹는 약속을 잡지 않고 미사를 마치면 곧장 집으로 돌아와 일찍 잠든다. 한 끼를 비워두면 몸도 마음도 가벼워진다. 기도하는 사람의 맑음에 조금은 가까워지는 느낌이 든다. 그 한 끼를 아낀 만큼의 돈은 모아 기부한다. 그 마음이 누군가에게 혹은 내가 무심히 대했던 자연에게 조금이나마 보속으로 닿기를 바란다.

문득 생각한다. 오죽하면 '아무것도 사지 않는 날'을 정해 놓았을까. 모든 것이 상품화되고 끊임없이 소비하지 않으면 불안해지는 시대에 맞서 하루쯤은 아무것도 사지 않고, 아무것도 하지 않아도 되는 날을 가져보면 어떨까. 어쩌면 아무것도 사지 않는 날은 아무것도 하지 않아도 되는 진짜 여유로운 하루가 될지도 모른다는 기대에 부푼다.

내가 버섯이 된다면

1. 틈

강미영

내가 버섯이라면
개미가 갉아먹은 나무 둥치
축축한 틈 사이로
방금 세수한 말간 얼굴을 하고

옆자리 나란히 나란히
땅속 실타래 늘일 생각에
밤새 꾸무럭대며
자라기만 하면 되겠다

내가 버섯이라면

곰이며 고라니며 너구리들이
오소리가 파놓은 굴과 길섶에서
쉬어가듯

숲속 식탁 자리가 되어
촉촉하고 말랑한 잔칫상에
갓을 내려놓고
한껏 몸뚱이를 뉘어도 되겠다

나는 버섯
버섯의 몸뚱이는 꽃
활짝 열어젖힌 몸뚱이에서
바람 따라 날아가는 새끼 씨앗

둥글게 불린 몸집으로
잘 익은 포자들을 품고
어딘가 얼추 썩은 틈을
고이 비집고 들어 앉아야지

내가 버섯이라면
낮게 웅크렸다가
충분히 축축한 응달이 드리워질 때
다시 피어나겠다

모든 꽃이 품어낸 새끼들의 밤
모든 몸을 내어
새로운 생으로
사슴도 다람쥐도 달팽이도 살찌운다

2. 가을 버섯이 전하는 숲 이야기

노지현

새벽 다섯 시.

 빛 한 줄 스며들지 않는 고요한 숲에 안개가 내려앉는다. 나무에 닿은 안개는 물방울이 되어 어린 갓 위로 떨어지며 나의 단잠을 깨운다. 차가운 공기 사이로 소나무 뿌리의 향이 은은히 번진다. 나는 축축한 땅속에서 물과 무기물을 길어 올려 소나무에게 건넨다. 그는 광합성으로 얻은 당분을 되돌려 보내며 내게 답한다. 그 에너지는 균사체를 넓히고, 포자를 영글게 하는 데 쓰인다. 땅속 깊이 퍼진 균사체는 나무의 뿌리와 맞닿아 숨결을 주고받는다. 서로가 서로에게 뿌리이자 통로가 된다.

　　세상에는 보이지 않는 것들이 훨씬 많다. 사람들이 보는 나의 갓과 대, 즉 자실체는 땅속에 숨은 거대한 균사체의 일부에 불과하다. 나는 그들이 볼 수 없는 세계가 얼마나 넓고 오래된 것인지를 스스로 증명하는 존재다. 자실체는 열흘이면 사라지지만, 균사체는 수십 년, 수백 년, 때로는 수천 년을 이어간다. 실제로 미국 오리건주의 어느 꿀버섯의 균사체는 2,400년 이상 살아 있다고 한다. 나는 그렇게 오랜 시간 땅속에서 세대를 잇고, 나무와 나무를 이어주며 숲의 시간을 견딘다.

　　나무는 조용히 서 있지만 결코 혼자가 아니다. 나는 그들의 신호를 감지하고, 영양을 나르고, 서로의 말을 대신 전한다. 빛을 받지 못하는 어린 전나무가 잘 자랄 수 있도록 고목의 남은 에너지를 보낸다. 감염된 잎이 생기면

항균물질을 합성하라고 신호를 퍼뜨린다. 인간에게 'World Wide Web'이 있다면, 숲에는 'Wood Wide Web'이 있다. 나는 그 오래된 연결망의 중심에서 우리만의 언어를 주고받으며 숲의 평화를 지키고자 한다.

가을이 되면 더더욱 바빠진다. 언제 올지 모르는 숲의 위기를 감당하기 위해서는 보험을 들어놓아야 한다. 더 많은 균사체를 넓게 확장하기 위해 가을에 포자를 퍼뜨릴 자실체를 밀어 올려야 한다. 또 때가 된 자실체가 포자를 잘 퍼뜨릴 수 있게끔, 충분한 당분을 나무로부터 길어 보내는 것도 더할 나위 없이 중요한 일이다.

정오 무렵.
숲은 고요한 듯하지만 늘 분주하다. 개미 떼가 쉴 새 없이 내 몸을 오르내리고, 민달팽이가 갓 위에 올라타 폭신한 침대 삼아 한참을 머문다. 때때로 그들이 내 살점을 조금 베어 가도 괜찮다. 포자를 퍼뜨리는 데 문제만 없다면 기꺼이 내어줄 수 있다.

그러던 어느 새벽, 안개 속에서 낯선 기척이 느껴졌다. 헐떡이는 숨소리, 바스락거리는 낙엽, 그리고 땅을 울리는 미세한 진동. 이내 나를 덮고 있던 젖은 낙엽이 소리를 내며 젖혀졌다. 인간의 손이었다. 그들은 나를 찾기 위해 어둠이 걷히기도 전에 산속으로 들어온 것이다. 그의 손끝이 나의 대 밑동을 스치더니, 곧 땅과의 연결이 끊어졌다.

'아직 포자를 다 흩뿌리지 못했는데.'

아쉬움이 밀려왔지만, 이내 체념했다. 나는 바구니에 담겨 조심스레 옮겨졌다. 사람들은 나를 '상급'이라 부르며 환하게 웃었다. 포자를 다 퍼뜨린 후 고작 일주일이면 자실체는 사라질 테니, 누군가의 손에 들려가 그들의 몸을 이롭게 하는 것도 나쁘지 않으리라. 하나 조금만, 정말 조금만 더 기다려주었다면 약속한 중대한 과업을 마칠 수 있었을 텐데. 이제 숲의 한 자리에 설 수는 없겠지만, 그들의 영양이 되어 순환의 또 다른 고리가 될 것이다. 그것 또한 나의 존재 방식이다.

만약 말 할 수 있다면 이렇게 전하고 싶다.
"어린 물고기를 놓아주듯, 나에게도 포자를 흩뿌릴 시간과 땅속의 숨을 지킬 여유를 주세요."

바구니에 실려 숲을 떠나며 마지막으로 산 능선을 바라본다. 흐릿한 구름이 낮게 깔려 봉우리를 덮고, 선선한 바람이 늦여름의 잔향을 부드럽게 쓸어낸다. 포자를 흩뿌리기 좋은 날씨인데 아쉽다. 청아한 계곡 물소리와 솔향이 숲을 메운다. 단풍나무 군락지에서는 벌써 몇몇 나무들이 병들어 잎을 떨구고 있다. 그 곁에는 어김없이 팽이버섯이 피어 있다. 곧 그들은 분해되어 흙으로 돌아가고, 그 흙은 다시 새 생명을 일으키는 마중물이 되겠지.

우리는 이렇게 서로의 생존을 응원하고 도와주며 순환시켜 숲을 일구고 지켜나간다. 인간들이 보기에 나는 잠시 땅 위에 솟은 작은 갓 하나요, 숲은 그저 나무의 집합체 정도로 보일지 모르겠다. 하나 나는 금세 시들 꽃이자 숲의 영원을 약속하는 오래된 뿌리요, 숲은 인간 세상과 별반 다를 것 없는 거대한 공동체임을 알아주고 존중해주었으면 한다.

- 9월 말, 어느 맑은 날
덕유산 해발 1,200m에서 송이버섯이 -

3. 내가 버섯이 된다면

문영득

#1.

가만히 눈을 감아본다.

생명이 다하는 마지막 날, 내 아이들을 곁에 두고 조용히 말한다.

"내가 떠나거든 커다란 나뭇잎을 깔아 내 몸을 고이 묻어다오. 내 살과 뼈가 좋은 흙이 되어 다음 생명들이 꽃을 피우고 다시 살아가도록, 내가 잠든 자리에는 풀과 꽃을 심어다오."

시간이 흐른다.

그 땅에 나무가 자라고, 또 많은 시간이 흘

러 어느 날 그 나무 아래 버섯이 솟아난다면, 나는 누구나 쉽게 만날 수 있는 흔한 '꽃버섯'이 되면 좋겠다.

노란 꽃버섯이 피어오르는 철이면 애호박과 땡초를 송송 썰어 멸치와 간장으로 감칠맛을 더해 따뜻하게 상을 내어주시던 그 시절 어머니의 꽃버섯국을 내 아이의 아이도 맛볼 수 있기를.

그 날이 오면 기꺼이 흙이 된 나의 살과 뼈는 주황빛 꽃버섯을 밀어 올리는 숲의 힘이 되어, 버섯을 따러 온 작은 손을 만나며 조용히, 따뜻하게, 나의 일부를 내어주리라.

#2.
그리고 한 번쯤은, 나는 독버섯이 될 것이다.
버섯은 포자이다.
바람이 들려 보내고, 물이 머무는 곳이면 어디든 깃들며 보이지 않는 실처럼 균사를 뻗는다.

맹독을 품은 버섯이 된 나는 세상의 깊은 어둠 속에 뿌리내린 '욕망과 탐욕'이라는 얼굴을 찾아 떠날 것이다. 그들은 권력의 탑을 쌓고, 두려움과 분열을 양식 삼아 자라나는 존재들.

바람을 타고 흘러가다 그들의 숨결 속으로 스며들고, 몸 속 깊은 곳까지 내려가 생각의 뿌리를 조용히 감싸 안으리라.

그리고 속삭여 줄 것이다. 물 한 모금에도 충만함을 느끼고, 마주 보는 얼굴마다 친구를 보며, 작은 꽃 하나에도 기쁨을 아는 마음이 되어 보라고.

독 대신 따뜻한 균사를 퍼뜨리는 독버섯. 세상을 유독하게 만드는 마음을 처음으로 해독하는 존재.

그렇게 나는, 사람들을 '부족함의 세계'에서 '충만함의 세계'로 이끄는 낯선 독버섯이 되리라.

4. 내가 버섯이라면
- 땅속의 느린 지혜로부터 -

이 완

먼저 이런 상상을 가능하게 해준 '애나 칭'[1]과 '로빈 월 키머러'[2]에게 감사를 전한다. 그녀들의 글은 인간과 비인간의 경계를 부드럽게 녹이며 관계의 감각을 되살려주었다. 그 덕분에 나는 버섯과 이끼를 만났고, 그들은 어느새 내게 자연의 깊은 영감과 지혜를 전수하는 스승이 되어주었다. 다시 태어난다면 버섯이나

---

1) 애나 칭(Anna Lowenhaupt Ching)은 세계 끝의 버섯(The Mushroom at the End of the World)의 저자이자 사회학자이다. 자본주의 폐허 속에서 인간과 비인간의 공생 가능성을 탐구하며, 붕괴된 세계 속 새로운 삶의 가능성을 모색한다.

2) 로빈 월 키머러(Robin Wall Kimmerer)은 이끼와 함께(Gathering moss)의 저자이자 식물학자이며, 원주민 세계관을 품은 이야기꾼이다. 이끼의 미세한 세계에서 자연이 건네는 느린 지혜와 서로 돌보고 의지하는 삶의 방식을 들려준다.

이끼로 살아보고 싶었다. 이건 엉뚱한 상상이 아니라 삶을 바라보는 진심 어린 전환의 의지다. 인간으로만 살아온 감각으로는 닿을 수 없는 영역의 언어다. 현실 언어로는 도저히 쓸 수 없는 감정들이 버섯 균사처럼 얽히고설켜 흘러왔다. 그렇게 내가 버섯이라는 상상에 기꺼이 몸을 맡겨본다.

어느 비가 세차게 내리던 날, "드디어 버섯이 되었다!" 축축한 흙더미 위로 꽃도 아니고 나무도 아닌 버섯으로 피었다. 죽음 위에서 자라는 생명, 수많은 죽음을 껴안아 다시 살아나는 존재가 되었다.

나는 결코 혼자 살아간 적이 없다. 내 몸 아래에는 보이지 않는 균사(곰팡이실)의 망, 마치 땅속 어둠의 신경망처럼 생긴 실들이 내 온몸을 지탱한다. 비가 내린 뒤 습기로 가득 찬 흙 속 실들이 물을 머금고 나뭇잎과 떨어진 나무

껍질, 미생물의 잔해들을 흡수하며 균사는 점점 커진다. 나의 실들은 단지 뻗는 것이 아니라 흐른다. 물질과 영양분을 운반하고, 때로는 나무뿌리와 교감하며 나무를 돕거나 나무로부터 도움받는다. 내 일부분은 나무와 동료 버섯들과 생태적으로 주고받는 연결망이 된다.

이 균사망은 먹이 자원을 찾아 뻗기만 하는 것이 아니라, 변화하는 환경에 따라 전략을 세운다. 새로운 유기물이 풍부하며 거리가 가까울수록 그쪽으로 더 빠르게 뻗고 자원이 드문 곳이라면 실을 희박하게 만들면서 에너지를 조정한다. 돌연변이나 환경 스트레스 같은 변화가 생기면, 균사망 내부에서 물과 영양분의 흐름이 바뀌고 일부 실은 굵어지고 다른 일부는 죽거나 재활용된다.

경고하자면 나는 독을 품고 있다. 이는 위협이나 위험의 표시만이 아니다. 그것은 나의 자기 보존, 나의 경계, 그리고 나를 이해하려는 자에 대한 요구다. 인간이 나를 채집할 때, 자연을 이용할 때, 알아야 할 경계가 있다. 독이 있기 때문에 누군가는 나를 두려워할 것이고, 또 누군가는 나를 탐할 것이다. 먹을 수 없다고 해서, 만질 수 없다고 해서 덜 중요한 존재가 아니다. 어떤 이는 나의 독을 약으로 바꾸리라. 독과 약, 생명과 죽음이 동전의 앞뒷면 같다. '모든 생명은 주고받음 속에서 자신을 완성한다.' 로빈 월 키머러가 다루었듯 나의 독도, 나의 선물도, 결국 관계의 일부다. 보이는 내 겉모습과 보이지 않는 균사망 사이, 생명과 죽음 사이, 인간과 비인간 사이, 유익과 위험 사이, 그 모든 틈이 내 삶의 자리다.

비가 그친 뒤 촉촉한 숨을 들이마신다. 이끼가 덮인 오래된 그루터기 곁이다. 이끼의 부드러움, 풀잎의 떨림, 빗방울의 미끄러짐이 내 감각을 깨운다. 눈에 보이는 것보다 더 많은 시간과 더 많은 관계가 켜켜이 쌓여 있다. 내 균사들은 이끼 밑 수분을 탐하고 그 속에 깃든 생명체들의 흔적을 읽는다. 작은 벌레가 지나간 자국, 나무에서 흘러내린 수액, 토양의 미네랄 등이 모두 나의 존재를 정한다. 내가 느끼는 감각은 풍경 일부가 된다. 이끼의 영롱한 초록, 낙엽 속 습기, 하늘과 구름 아래 나를 둘러싼 어둠과 빛의 대비 속에서 내가 버섯이 된다.

그 어떤 풀보다 먼저, 그 어떤 꽃보다 앞서 암석 위에 가장 먼저 뿌리를 내리고 이 땅에 녹색을 처음으로 입힌 이끼 친구에 대해 언급하지 않을 수 없다. 가장 오래된 친구다. 그 없이는 나도 없었을 것이다. 내 균사들이 뻗어갈 때 이끼는 고요한 숨을 내쉬었다. "서두르지 마. 우리는 오래된 방식으로 살아." 이끼는 살아있음 자체로 위로를 주었다. 무수한 생명을 품어온 지구상 첫 번째 식물인 이끼와 친구가 되면서 나는 외롭지 않았다. 내가 아무도 알아주지 않는 땅속 균사로 살아가는 동안 그이는 아무도 돌보지 않는 바위 위에 묵묵히 살아 있었다. 우리 둘 다 뿌리를 가진 적이 없고 누군가의 시선을 애써 구하지 않았다.

긴 시간의 흐름 속 이끼의 친구, 버섯으로서 조용히 말하고 싶다. '당신도 혼자가 아니라고.' 우리는 보이지 않는 실로 연결되어 있으며, 실상 모두가 서로의 뿌리가 되어준다고 말이다. 애나 칭이 『버섯 끝에서』, "버섯은 파괴된 풍경에서도 다시 관계를 짜는 존재다." 라고 했다. 버섯은 끝난 자리에서 늘 시작을 준비한다. 죽음과 부패의 언저리에서, 생명이 다시 태어나듯이. **어쩌면 가장 약한 존재가 가장 큰 힘을 품고 있을지도 모른다.** 버섯처럼 우리는 모두 보이지 않는 곳에서부터 세상을 지탱하고 있으니까. 나, 버섯은 누구보다 땅과 가깝고, 죽음과 가깝고, 그래서 오히려 삶의 본질에 가깝다. 당신이 이 말을 들을 수 있다면, 당신 또한 이미 우리의 균사망 안에 있는 것이다.

5. 버섯에 대하여

이정인

#1.

어릴 적, 집 앞에는 바닷바람을 막아주는 해풍림이 있었다. 마을 안에 놀이터도 없고 도로변 차를 피해 동네 아이들은 천연기념물인 숲에서 놀았다. 나무 기둥을 타고, 째밤이라는 열매를 주워 먹고, 나뭇가지로 새 둥지를 만들었다.

여름 습기가 여전하고 선선해지는 가을날, 숲에는 다양한 버섯이 올라왔다. 전날만 해도 바닥에 흔적 없던 버섯들이 툭 하고 올라왔다. 신기했다. 우리는 그것들을 나뭇가지로 찌르거나 발로 문지르며 장난을 쳤다. 위험하다는 건 어찌 알았는지 손으로 만지지 않은 건 두고두고 대견하다.

기억에 남는 장면은 오래된 팽나무에서 자라는 버섯이 있었다. 마을 할머니들은 그 버섯을 칼로 따서 마당에 말려두었다가 보리차 대신 물에 끓여 마셨다. 우리 할머니도 어린 나에게 냉장고 속 버섯 물을 컵에 따라 주었다. 그때 그 씁쌉한 맛이 아직도 혀끝을 맴돈다. 어른이 되고 시골 장터에서 으레 비슷한 버섯을 볼 때면 어린 시절 팽나무에서 자라던 커다란 흰 버섯이 떠오른다.

#2.
버섯 요리를 좋아한다. 그중 팽이버섯이 으뜸이다. 팽이버섯은 특유의 쫄깃한 식감으로 늘 냉장고에 떨어지지 않고 사두는 식재료 중 하나이다. 요리법은 주로 된장국에 넣거나 달걀물에 지져 먹는다. 다른 식구들은 특유의 질감 때문에 좋아하지 않지만, 나는 버섯을 떠올리기만 해도 침이 돈다.

근래에는 능이버섯 맛도 알게 되었다. 몇 해 전만 해도 능이버섯 이름도 몰랐다. 퇴직 후 귀촌하신 아버님이 큰아버지를 따라 산에 버섯을 따러 다니셨다. 댁에 가면 아버님은 늘 "제1은 능이요, 제2는 송이"라며 자랑스레 따온 능이를 보여주셨다. 어머니는 그 능이로 백숙, 된장국, 볶음밥 등 다양한 요리를 해주셨고, 남은 것은 말려 두고두고 쓰셨다. 그때 맛본 버섯의 모양과 맛이 특별한 기억으로 남아, 지금도 능이를 볼 때면 그때 장면과 맛이 떠오른다.

#3.
'내가 버섯이 된다면'이라는 주제로 글감이 떠오르지 않았다. 문득, 사람들이 무엇이든 물어본다는 인공지능 사이트가 떠올랐다. 주제를 입력했다. 몇 초 만에 한 페이지 분량의 에

세이가 나왔다. 대체로 이런 내용이었다.

"내가 버섯이 된다면 화려한 꽃처럼 주목 받지 못해도 숲의 토양이 되겠다. 수수하지만 숲의 버섯처럼 필요한 존재로 살겠다."

인터넷에 떠도는 버섯 정보를 모은 글이라 버섯 이해도는 나보다 좋았다. 그럼에도 매력적이지 않았다. 인공지능이 쓴 글은 사람이 쓴 글과 확실히 차이가 나는구나. 글쓰기는 사라지지 않겠다. 나도 모르게 안심이 되었다. 최근 서점 신간 코너를 기웃거리다가 '인공지능과 글쓰기'에 관한 책을 읽었다. 책에는 대략 이런 내용이었다.

'본질적으로 글쓰기는 정보를 넘어 회복 행위이므로 사라지지 않는다. 즉 자신만의 목소리, 체험, 감정 등을 글 속에 녹이는 행위가 중요하다. AI가 사람과 비슷한 글을 생성하더라도, 사람이 쓴 글은 다른 깊이와 색깔이 있다. 무료 AI 사이트는 인간들의 삶 속에 인공지능

을 의존하게 만든 뒤 유료로 전환하는 타이밍을 기다린다는 이야기.' 등등

    단순한 검색 이외에 사고하고 감정을 다루는 활동은 인공지능에 맡겨서는 안 되겠다고 생각했다. 결국은 인공지능이 이번 주제의 분량을 채우는 데 도움 되었다. '버섯'이라는 주제로 시작해 '인공지능' 이야기로 마무리되는, 조금은 엉뚱한 글이 되어버린 사람이 쓴 글의 매력.

6. 내가 버섯이라고?

오혜영

비가 억수로 내리면 난 마음이 그리고 몸이 간질간질 들썩들썩해. 아마 습기를 머금고 뇌가 약간 부풀어 오르기 때문인가 봐. 둥근 머리에 기다란 목을 가진 난 세상을 둘러보는 걸 좋아하고 이런저런 궁리하길 좋아하거든. 동그란 머리에 올라가 미끄럼이라도 타고 싶겠지만 그건 안돼! 보기보단 난 너무 여려. 곧잘 상처받고 후회하고 위축되어 다시 저 낙엽 속으로 숨어버리고 싶어진단 말이야. 아니, 아예 머리통이 날아가 버릴지도 몰라. 그럼 나도 내가 누구였는지 알 수가 없어. 말불버섯이었나?

송이? 표고? 광대? 그러니 날 만질 때는 두 손으로 감싸듯 살포시 안고 눈을 크게 뜨고 살펴봐. 아무리 냄새가 궁금하더라도 킁킁거리지 말아줘. 내 속살에 닿는 그 콧김마저도 내게는 폭풍 앞에 선 느낌이니 말이야. 최대한 부드러운 콧바람으로 냄새를 맡아주면 고맙겠어. 그렇게 지대한 관심으로 나를 살피던 사람들도 결국엔 내가 독이 있는지 약이 되는지에만 관심이 있는 것 같아. 그게 그렇게 중요하니? 난 가까이에 있는 내 가족과 친구들, 그들의 온도와 그들과 함께한 시간 그리고 그들이 내주었던 수많은 양분과 산소, 공기, 물이 나를 이루고 나를 만들었을 뿐. 내가 스스로 어떤 버섯이 되겠다고 마음먹은 적은 없었어. 간혹 내가 도와준 나무나 곤충, 사람들이 고맙다고 말할 때도 있지만 사실은 내가 그러려고 그런 게 아니란 걸 알아주면 좋겠어, 당연히 나 때문에 고통을 겪었다 하더라도 말이야. 난 그냥 버섯이었을 뿐이니까. 내게 중요한 건 내 이웃들과 어떻게 잘 지낼 수 있을까 하는 거야. 난 정말 내 이웃들이 아니라면 버섯도 모자도 밥도 그 뭣도 아니니 그럴 수밖에 없지 않겠니? 너희들은 그렇지 않니? 내가 낙엽 속에서 혹은 나무 둥치 속에서 잠자다 일어나 간혹 밖을 나오면 다들 그게 나인 줄 알고 관심을 가질 뿐 나를 밀어 올린 여기 이웃들은 안중에도 없지. 게다가 자기들 입맛에 맞기만 하다면 그땐 더 야단법석. 사람들이 노란 줄을 온 산에 둘러 쳐놓고 보초를 서가면서 송이나 능이 같은 친구들을 차지하려고 산을 헤집는 모습을 본 적이 있거든. 여기 숲속 이웃들에게 얼굴 들기가 미안할 정도였어. 나도 알아 걔들이 좀 재능이 있기는 하지. 하지만 걔들만 특별한 게 아니거든 여기 숲에선 어느 하나도 서로에게 없어서는 안 되는 소중한 존재들인데. 그걸 알아주었으면 해서. 헷헷. 괜히 목소리가 커졌네.

쉿! 잠깐 귀 좀 빌려줄래? 이건 누가 들으

면 좀 곤란한 비밀이거든. 너만 알고 있으면 좋겠어. 내가 버섯이란 걸 언제 알게 되었는지 말해 줄게. 아마 내가 사십 년쯤 살았을 무렵이었지, 나는 매주 목욕탕에서 이태리타월로 몸을 박박 미는 의식을 치르거든. 그런데 그날 분명 세밀하게(아니, 세신이었나?) 온몸 구석구석 때를 밀고 나왔는데 하얀 손목 안쪽에 검은 얼룩 하나가 보이는 거야. 세면장에서 다시 비누로 문질러 씻어 보았지만 없어지지 않았어. 그날 이후 시간이 좀 더 지나고 나서야 알게 되었지. '이게 바로 검버섯! 오 마이 갓!' 그날 보았던 그 얼룩이 시작이었던 거야. 이후 햇볕을 쬐지 않아 새하얗던 팔목 안쪽부터 생겨나는 갈색 점과 약간의 기미로 보이던 얼굴의 검버섯도 차츰차츰 영역을 확대해가는 거였어. 내가 버섯으로 변해가던 그때 난 내 안의 포자를 세상에 다 내어놓은 때였고 어쩌다 보니 도시를 떠나 깊은 산으로 들어가 살게 되었지. 어머나, 진짜 내 친구들과 이웃들을 거기서 만날 줄이야. 바야흐로 '이산가족 상봉'. 마트에 포장되어 나오는 버섯이 아니라 산과 들에서 피어나는 실물 버섯들을 보고 따고 먹어 본 거야. 아마 우연일 수도 있겠지만 그렇게 나는 검버섯이 피고 내 인생에 또 다른 세상을 열어 보았던 거지.

버섯이 피어 있는 곳은 대부분 죽어가는 나무였고 (바위에 붙어 있던 석이버섯도 따 보았지만) 보기엔 여전히 초록 잎을 달고 있는 나무들이라도 작은 가지나 둥치 일부에 하얀 버섯이 보이면 '저 나무도 생을 다해 가는구나', '얼마 남지 않았구나' 숙연해지더라. 쓰러진 나무가 가루가 되어가는 곳도 버섯과 벌레들이 있던 자리였지. 시간이 흐르면 그 주위엔 새파란 초록 생명이 다시 쑥쑥 자릴 잡고 약초들이 자라고 먹거리가 풍성해진다는 걸 그 몇 해 동안 산에 살며 알게 되었어. 숲속 어딘가에서 버섯을 발견한다는 건 포자가 포자에게, 곰팡이실이 곰팡이실에게, 검버섯이 흰버섯에게 전해줄 걸다 전해주었다는 증거란 말이지. 살아있음과 사라짐이 이어지는 현장이라고나 할까? 아무에게도 해를 끼치지 않고 사르르 녹아 사라지는 버섯. 그렇다고 슬퍼할 건 없어, 언젠가 비가 온 다음 날 우연찮게 우린 또다시 만날 수 있을 테니까.

그새 비가 그쳐 버렸네. 난 다시 낙엽 속으로 몸을 숨겨야겠어. 아까부터 저 나무 위의 박새가 나를 노려보고 있었다니까. 워메 무서운 저 눈초리~

7. 내가 버섯이라면

홍순희

　상상력을 마음껏 펼쳐보자. 식탁에 자주 오르는 표고, 팽이, 양송이버섯이 떠 오른다. 입맛에 맞고 버섯 특유의 향이 좋아 자주 찾게 되는 나의 '최애' 음식이다. 버섯에는 어쩐지 욕심이 생긴다. 표고버섯은 보이는 대로 사서 말리곤 한다. 그 말린 버섯은 추운 겨울 내내 따뜻한 차로 우려 마신다. 따뜻하게 차로 우려낸 버섯 향기에는 숲의 숨결이 담겨 있는 듯하다.

　이제 정말로 버섯이 되어본다. 상상력을 맘

껏 펼쳐보려 했으나 생각처럼 쉽지 않다. 햇빛 대신 그늘을 사랑하고, 화려함 대신 고요를 택해야 하니까.

나는 숲속 그늘진 곳, 햇살이 잘 닿지 않는 한적한 나무 아래 산다. 나무뿌리와 맞닿아 있고, 풀과 곤충, 숲의 생명들과 연결되어 있다. 나는 화려한 꽃도 하늘을 향해 치솟은 큰 나무도 아니다. 햇살에 반짝이거나 초록으로 눈부신 잎사귀도 갖지 못했다. 그늘진 땅 썩은 나무 한켠에서 조용히 피어난다.

나는 작은 바람에도 쓰러질 것 같은 작은 몸집이지만, 내 뿌리는 생각보다 훨씬 깊고 멀리 뻗어 있다. 사람들은 모른다. 흙 속에서 눈에 보이지 않는 그물망처럼 퍼져있는 나의 뿌리를. 그늘지고 왜소한 내 모습은 초라해 보일지도 모른다. 하지만 나무와 꽃과 풀 모든 생명들과 연결되어 오래오래 살아왔다. 나는 숲을 지탱하는 보이지 않는 통로다. 마치 마을과 마을을 잇는 다리처럼, 숲과 생명을 잇는 다리가 되어 살아간다. 나는 그런 삶을 살고 있다. 특별히 눈에 띄지 않아도 어느 누군가의 뿌리로 또 다른 생명이 자랄 수 있게 힘이 되는 존재로 살아 간다.

가끔, 숲을 찾아오는 사람들의 이야기에 귀를 기울인다. 엿들으려는 건 아니다. 그저 궁금할 뿐이다. 사람들은 말한다. "빛나야 한다." "성공해야 한다." 고. 무대 위에서 박수를 받고 다른 사람을 짓밟고 오른 순간을 성공이라 부르기도 한다. 그러나 나는 안다. 열매를 맺는 일은 꼭 빛나야 하는게 아니란 걸. 묵묵히 견디며 노력하는 그 시간 속에서도 이미 열매는 자라고 있다는 것을. 그래서 그들이 숲을 지날 때면, 나는 조용히 주문을 외운다. 그들의 상처가 아물기를 바라며. 아브라 카다브라~~

나는 비 오는 날이 좋다. 빗방울이 내 어깨를 두드리며 "잘 지냈어?" 하고 안부를 묻는 것 같아 좋다. 그런 날이면 숲의 생명들이 제 숨을 고른다. 숲은 고요해지고 오직 빗소리만 들리는 날이 있다. 고요 속에서 혼자 남은 외로움이 밀려올 때도 있다. 그런 생각에 울고 싶어질 때도 있지만, 머리를 디밀고 비를 피해 찾아드는 곤충들이 내 곁에 있어 이내 마음이 따듯해진다.

나에게는 꿈이 있다. 나는 숲의 수다쟁이가 되고 싶다. 큰 나무에게 사람들의 이야기와 숲의 소식을 전해 주고 싶다. 그리고 언젠가 그늘진 땅에서 피어난 작은 버섯의 이야기를 들려주고 싶다. 보이지 않는 뿌리의 이야기, 조용하지만 단단한 생명의 이야기를. 밤이면 버섯 모자에 불을 밝혀 밤 숲을 지켜주고 싶다. 숲을 지키는 지킴이가 되고 싶은 거다.

그늘진 땅, 썩은 나무에서 자라더라도 나는 그것으로 충분하다. 햇빛이 닿지 않아도 눈에 띄지 않아도 나의 자리에서 흙의 냄새를 품고 비를 맞으며 다시 피어날 것이다. 잠시 머물다 사라져도 숲은 나를 기억할 것이다. 나의 흔적은 흙이 되고, 흙은 다시 숲의 숨으로 돌아간다. 모든 것은 돌고 돈다. 오늘의 빗방울이 내일의 싹을 틔우고, 내가 남긴 작은 조각이 또 다른 생명의 뿌리가 된다. 그래서 나는 지금 이 순간 이 자리에서 존재하는 것만으로도 충분하다. 내가 버섯이었다는 것, 이것으로 충분하다.

에필로그

강미영 촌집 마당에 덩치 큰 나무 벤치가 있습니다. 모기도 입이 비뚤어진다는 처서가 지나고 기온 17도쯤의 가을 낮 2시경에 걸터앉아있기 좋아요. 해를 따라가다 보면 나만 앉은 게 아니라 청개구리도, 버섯도 앉았고요, 꽃등에도 내내 왱왱거려요. '마루 밑 아리에티'처럼 누가 날 발견한대도 과연 여길 떠날 수 있을까, 하며 해발 200미터의 촌집의 가을을 깊게 들이마십니다. 올해 가을은 기록할 수 있어서 충만하네요. 페스토 안 만들어도 충분히!

가야산과 지리산, 덕유산으로 둘러싸인 거창에서 11년째 살고 있다. 숲의 숨결을 사시사철 오감으로 느끼며, 자연이 건네는 이야기에 귀 기울이며 지낸다. 이번 생태 글쓰기를 통해 자연의 소중함을 다시금 깨 **노지현**

닫고, 그 마음의 결이 한층 깊어졌다. 자연이 베푸는 은혜에 감사하며, 인간과 자연이 서로를 품고 건강하게 공존하기를 바란다.

 함께 길을 걸어준 작가님들, 그리고 모임을 따뜻하게 이끌어주신 '투명북스'의 이정인 대표님과 '푸른산내들'의 박효정 선생님께 마음 깊이 감사드린다.

운영득 햇살 아래의 미모사는 손끝의 떨림에도 조용히 자신을 닫았다가, 다시 시간을 들여 잎을 펼쳤다. 그 리듬 속에서 나는 배운다.
살아있다는 것은 닫힘과 열림의 반복 속에서 세상의 온도와 타인의 숨결을 느끼는 일이라는 것을. 잠시 멈추어 바닥에 엎드려 보면, 모든 생명은 저마다의 속도로 세계를 향해 나아가고 있다.
그 속도에 귀를 기울일 때, 비로소 '살아있는 나' 또한 세계의 일부로 함께 숨 쉬고 있음을 깨닫는다.

이완 각자의 삶에 깃든 생태 감각을 공유하며, 우리는 자연이 우리 안에서도 자라고 있음을 깨달았다. 글을 낭독하며 때로는 낯 뜨거워 숨을 골랐고, 소리 내어 웃었고, 눈물을 흘리기도 했다. 글을 쓰는 동안 나는 버섯이 되었다가, 이끼가 되었다가, 뿌리가 되기도 했다. 그 생명의 관계 속에서 나는 내가 어디에 있고 무엇을 사랑하는 존재인지 알게 되었다. 글은 그 느린 배움과 연결의 기록이다.

글쓰기 안내자라니. 안내보다 경청자로, 잘 들어주는 사람으로 참여하고 싶었다. 돌아보면 스스로 말이 많았는지, 부족함이 없는지 자책하는 시간도 있었다. 고유한 색깔로 자신의 이야기를 풀어내는 참여자 글 앞에 작아지기도 했고, 서로가 얼마나 반짝였는지 말하고 싶었다. 봄에 만나 벌써 한 해를 마무리한다. 1년 동안 즐겁게, 가볍게 참가해 주셔서 모두에게 감사드린다. 이 책이 세상에 뿌리는 이야기의 시작이길.

이정인

사십 고개를 넘을 때 야반도주하듯 보따리 싸서 시골로 왔다. 높은 산 넘고 깊은 물 건너며 무슨 정신으로 여기까지 왔는지! 이제 가슴에 끌어안고 다니던 그 보따리를 풀어놓고 싶어졌을 때 글쓰기 모임을

오혜영

만났다. 부끄럽지만 세상에 내놓는 나의 이야기를 같이 읽고 같이 느껴준 이 모임으로 위로도 받고 힘도 얻는 경험을 했다. 더 풀어져 나올 보따리의 다른 이야기들을 스스로 기대하게 되는 그런 시간이었다.

조윤주 언제쯤이면 글 속에서 좀 더 나를 편하게 드러낼까요? 뼈와 핏줄을 긁고 심연을 헤치고 올라오는 문장들을 있는 그대로 내어놓는 일이 아직은 많이 부끄럽습니다. 오늘 조금 덜 솔직하고 남 보이기에 만만한 글 몇 편을 꺼내 놓아봅니다. 낯선 이름과 얼굴을 가진 '당신들'이었지만 어떤 글이어도 괜찮다고 서로를 격려하며 조금씩 용기를 내어보았습니다. 참 다정한 시간이었습니다.

나는 자연 속에서 배웠다. 버섯의 짧은 생애도, 모감주의 순환에도, 아무것도 사지않는 비움의 하루에도 깊은 지혜가 숨어 있었다. 무언가를 소유하지 않아도 충만할 수 있고, 작고 느린 존재에서도 삶의 의미를 배울 수 있음을 이 글들을 쓰며 다시 깨달았다. 세상은 여전히 빠르게 변하고 있지만, 나는 오늘도 느리게 걷는다. 이 책이 누군가의 하루에 잠시 멈추어 숨 고를 수 있는 쉼이 되기를 바란다.

홍순희

방 언

거창의 귀한 생명들

― 창포원과 황강, 감악산과 한들 들녘
이곳의 생명들은 오늘도 저마다의 시간 속에서 살아간다.
우리가 그 곁을 지키며 바라보는 일,
나와 자연을 잇는 첫걸음일지도 모른다.

삵

멸종위기 야생생물 II급

숲을 걷다 보면 삵의 흔적을 만나는 일은 그리 어렵지 않다. 삵의 발자국과 분변, 때로는 사냥 흔적을 보며 그들의 존재를 만난다. 삵은 고양이와 닮았지만, 이마의 내 川자 무늬, 뒷모습의 귀는 짙은 색의 테두리가 삼각형 하얀 문양을 감싸고 있다. 그것이 호랑이와 삵 그들만의 표식이다. 고양잇과 동물답게 발톱이 찍히지 않은 발자국은 언제 봐도 앙증맞고 단정하다. 어느날 해 질 무렵, 사람들이 오가는 창포원 산책길에서 삵을 마주쳤다. 또 한 번은 시골마을 골목길에서였다. 순간, 무늬가 멋진 고양이구나 했는데, 선명한 귀의 무늬를 보고 비로소 삵임을 알았다. 뜻밖의 만남은 늘 카메라보다 빠르게 지나가고 기억 속에만 남는다.

수달

멸종위기 야생생물 I 급

3년 전, 창포원과 무릉교 사이에서 어미 수달이 네 마리의 새끼를 낳았다. 한 해가 넘도록 함께 노니는 모습을 지켜볼 수 있었다. 그 이후 황강 하천 공사로 한동안 여럿의 모습은 보이지 않고 있다. 대신 창포원의 수달 흔적이 관찰 이야기를 이어준다. 어미와 어린 수달의 발자국과 똥이 관찰되며 모습으로 관찰되는 것은 어린 수달 한 마리이다. 새로 만든 인공 잠자리는 아직 사용하지 않는 듯 보인다. 서식지 조성 전처럼 그 주변의 연못을 즐겨 찾고 있다. 인간이 만들어 준 공간보다 자신이 선택한 물가를 더 좋아하는 듯하다. 이렇게 이어지는 그들의 자취로 인해 습지가 살아 있음을 느낀다. 수달은 거창의 물길마다 흔적을 찾을 수 있다. 좁은 하천에 먹이가 한정되어 있기에 행동반경이 넓을 뿐 그들의 개체가 많지는 않다.

하늘다람쥐

멸종위기 야생생물 II급

숲의 참나무 아래 또는 가지의 갈래 사이 작은 배설물이 반갑다. 내게 하늘다람쥐 똥은 멧토끼 똥이 그렇듯 너무나 반가워 황금처럼 보인다. 내가 처음 그 존재를 눈으로 확인한 건 석산 개발로 지금은 사라진 조금실 계곡이었다. 바람에 날리던 플라타너스 잎 같았는데, 그곳엔 잎이 넓은 나무가 없었다. 그제야 하늘다람쥐임을 알아차렸다. 감악산에서 아이들과 함께 걷던 어느 날, 나무와 나무 사이로 하늘을 나는 녀석을 다시 보았다. 기뻐하던 아이들의 모습이 나의 기억에 선명히 남아 있다. 환한 모습으로 하늘다람쥐를 바라보던 아이들의 눈빛! 우리가 자연을 지켜야 하는 이유 중 하나이다. 그런 귀한 하늘다람쥐는 예상보다 사람 가까이 살아가고 있다. 마을과 도로에서 멀지 않은 숲에도 그들의 흔적이 있다. 작은 숲의 나무마다 크고 작은 배설물이 겹겹이 쌓인 하늘다람쥐 마을을 나는 비밀처럼 간직하고 있다.

큰고니

멸종위기 야생생물 II급

십여 년 전만 해도 큰고니는 이 지역에 잠시 머물다 가는 손님이었다. 하루, 이틀, 길어야 닷새. 그러나 창포원 조성 이후 그들의 발길이 잦아졌다. 지난 겨울, 어미 두 마리와 어린 새 다섯 마리로 이루어진 한 가족이 석 달 가까이 머물렀다. 큰고니가 강이 좁은 내륙에서 오래 머무는 건 드문 일이라 혹시 아픈 개체가 있는 건 아닌지 걱정도 되었지만, 다행히 무사히 겨울을 보내고 떠났다. 올겨울 창포원과 황강이 큰고니의 편안하고 넉넉한 도래지가 되기를 바란다.

흰목물떼새

멸종위기 야생생물 II급

무릉교 재가설 공사가 한창이던 봄, 흰목물떼새와 꼬마물떼새가 산란기에 들어 있었다. 하천 바닥 암반을 뚫는 굉음 속에 중장비 여러 대가 한꺼번에 공사를 하느라 온 하천을 헤집어 놓았었다. 둥지와 알을 잃은 부모 새는 종일 하천을 미친 듯 날아다니며 울부짖었다. 그 작은 몸으로 사람 세상의 거대한 쇳덩이에 맞서는 모습이 말로 표현할 수 없이 애처로웠다. 점심시간, 기계가 멈추고 인부들이 자리를 비우자, 잠시 고요해졌다. 그 이후 흰목물떼새의 2차 번식이 있었다. 대개는 하천 안 모래밭이나 자갈밭에 둥지를 만드는 데 화단의 검은 흙에 둥지 만들기를 선택했다. 잡초를 뽑던 어르신들이 며칠을 지켜주셨다. 주말을 보낸 어느 날 알을 노리던 까치 떼가 남긴 깨진 껍질만이 남았다. 작은 생명의 절규와 마주하던 그 날을 잊을 수 없지만 지금도 곳곳에서 그러한 일들은 끊임없이 반복되며 어떤 사람들은 "그 새 한 마리 뭣이라꼬..." 를 반복한다.

원앙

천연기념물 327호

무릉교에서 양항제 습지원까지의 구간은 원앙들이 번식하는 곳이다. 하천 인접한 숲 가장자리에는 오래된 참나무들이 있고, 둥지를 짓기 좋은 삶을 다한 서서히 쓰러져가는 늙은 나무가 고요히 자리를 지킨다. 그중 100년이 넘었을 왕버드나무 두 그루는 새들의 안식처였다. 공사 중 그 나무를 지켜 달라 부탁했지만, 잠깐 사이 한 그루가 사라지고 말았다. 다행히 다른 한 그루는 남아 새들에게 덜 미안하게 되었다. 올겨울이 가기 전에 길고 길었던 공사가 끝나고, 내년 봄엔 어미 뒤를 졸졸 따라가는 새끼 원앙들과 이웃하고 살아가는 흰뺨검둥오리 가족을 다시 볼 수 있기를 바란다. 강가에 봄이 오면, 그 작은 존재들은 또다시 물결 위를 수놓을 것이다.

꼬리치레도롱뇽

거창에는 여러 종의 도롱뇽이 산다. 도롱뇽, 이끼도롱뇽, 꼬리치레도롱뇽, 이름은 다르지만 모두 맑고 차가운 물과 오염되지 않은 적당히 촉촉한 곳을 좋아한다. 그중에서도 꼬리치레도롱뇽은 내가 요즘 가장 애정을 갖고 바라보는 존재다. 동굴 조사나 깊은 계곡 탐사 중에 종종 마주쳤고, 유생도 많이 관찰했다. 아직 그들의 생활사는 명확히 밝혀지지 않았다. 그래서 더욱 신비롭다. 나는 지금도 위태로운 한 서식지에서 그들의 삶을 조용히 지켜보고 있다. 언제든 사라질 수 있는 작은 생명을, 사라지지 않게 기억하고 지켜내 그들이 살았던 땅에 그들의 조상이 살았던 만큼 오래도록 살아갈 수 있도록...

들성마을의 왕버들

거창읍 들성 마을 가는 길 한들 한가운데, 수백 년을 그 자리에 서 있는 나무가 있다. 1982년 기록에 따르면 이미 380년을 살았다. 눈이 오는 날이면 그곳으로 달려가곤 하지만, 게으름 탓인지 눈 덮인 모습을 아직 한 번도 보지 못했다. 굵은 쇠 버팀목이 무거운 가지를 떠받치고 있지만, 나무는 여전히 장엄하다. 봄의 연두 빛, 여름의 짙은 녹음, 가을의 단풍 든 모습, 겨울의 적막함까지 사계절 내내 너른 들과 마을을 지키는 어르신 같은 존재다.

무릉리의 팽나무 수령 510년~, 1982년 기준

무릉리의 팽나무는 수백 개의 실개천이 모여든 황강을 수 백년 굽어보며 살아왔다. 2025년 11월 팽나무에 어깨를 기대던 무릉교가 철거를 앞두고 있다. 머리가 하얀 할아버지는 아이였을 때 팽나무 아래에서 멱을 감으며 놀았다고 들려준다. 지역을 드나드는 길목이자 마을 앞 정자, 팽나무는 무수한 생명을 대를 이어 품었을 것이다. 지축을 흔드는 소음 속에 지척에 더 높은 다리가 세워지고, 뿌리를 감았던 옛 다리의 교각이 철거된다. 강의 모습을 바꾸는 하천 공사로 나무가 상처 입지 않을까 걱정스럽다. 강을 건너는 사람의 소리는 잦아들겠지만 물과 바람과 새들의 노랫소리가 팽나무 주변에 머물 것이다. 부디 이 오래된 팽나무의 역사가 수 백 년 그 자리에 머물길 바란다.

지은이 강미영, 노지현, 문영득, 이 완
       이정인, 오혜영, 조윤주, 홍순희

부 록 이순정
그 림 홍순희

엮은곳 거창하천환경교육센터
펴낸곳 투명북스
초판 발행 2025년 12월 01일

출판신고 2019년 9월 11일 제2019-000001호
전화 010.3517.1692

ISBN 979 - 11 - 988581 - 1 - 5 (02810)

- 저자와 출판사의 허락 없이 내용의 일부를 인용하거나 발췌하는 것을 금합니다.
- 가격은 뒤표지에 있습니다.